壬生狂言鑑賞ガイド

——壬生寺 編

淡交社

目次

［演目の紹介と解説］

愛宕詣 あたごまいり｜*Atago Mairi* —————18

安達が原 あだちがはら｜*Adachigahara* —————22

大江山 おおえやま｜*Ōeyama* —————26

桶取 おけとり｜*Oketori* —————30

大原女 おはらめ｜*Oharame* —————34

餓鬼角力 がきずもう｜*Gakizumō* —————38

蟹殿 かにどん｜*Kanidon* —————42

熊坂 くまさか｜*Kumasaka* —————46

賽の河原 さいのかわら｜*Sai no Kawara* —————50

酒蔵金蔵 さかぐらかねぐら｜*Sakagura Kanegura* —————54

節分 せつぶん｜*Setsubun* —————58

大黒狩 だいこくがり｜*Daikoku-gari* —————62

大佛供養 だいぶつくよう｜*Daibutsu Kuyō* —————66

玉藻前 たまものまえ｜*Tamamo-no-mae* —————70

土蜘蛛 つちぐも｜*Tsuchigumo* —————74

道成寺 どうじょうじ｜*Dōjōji* —————78

鵺 ぬえ｜*Nue* —————82

橋弁慶 はしべんけい | *Hashi Benkei* ——————86

花折 はなおり | *Hanaori* ——————90

花盗人 はなぬすびと | *Hana Nusubito* ——————94

舟弁慶 ふなべんけい | *Funa Benkei* ——————98

棒振 ぼうふり | *Bōfuri* ——————102

炮烙割 ほうらくわり | *Hōraku-wari* ——————106

堀川御所 ほりかわごしょ | *Horikawa Gosho* ——————110

本能寺 ほんのうじ | *Honnōji* ——————114

紅葉狩 もみじがり | *Momiji-gari* ——————118

山端とろろ やまばなととろ | *Yamabana Tororo* ——————122

湯立 ゆたて | *Yutate* ——————126

夜討曽我 ようちそが | *Youchi Soga* ——————130

羅生門 らしょうもん | *Rashōmon* ——————134

壬生狂言──歴史と伝承　松浦俊海 ——————4

壬生狂言、ここに注目！ ——————9

生きている祈り　濱崎加奈子 ——————138

「面」が笑う　久保田康夫 ——————141

壬生寺　参拝ガイド ——————142

※本文では演目の登場人物、あらすじに加え、各演目の中で特に着目していただきたい点や、わかりにくい点などを、仕草・囃子・仮面・衣裳・小道具の五つに分類して説明をしました。
※本書の編集に際しては八木聖弥氏はじめ壬生大念佛講の皆さんのご協力を得ました。
※壬生狂言についてのお問い合わせは、下記にお願いします。
〒604-8821 京都市中京区壬生梛ノ宮町31 壬生寺
TEL：075-841-3381　FAX：075-841-4481
（壬生寺ホームページもご参照下さい www.mibudera.com）

壬生狂言──歴史と伝承

松浦俊海（壬生寺貫主／壬生大念佛講長）

念仏の教えを説く無言劇

　壬生狂言を正しくは「壬生大念佛狂言」といい、壬生寺に伝承されている民俗芸能として、古来京内外の人々に親しまれてきた。この壬生狂言は、鎌倉時代、壬生寺中興の祖である円覚上人が創始したものである。

　上人は貞応2年（1223）大和国（奈良県）服部郷に生まれ、15歳にして東大寺で出家した後、唐招提寺などで仏教の研鑽に努めた。その当時、壬生寺は正暦2年（991）園城寺の快賢僧都によって創建以来、皇族から庶民に至るまで、ひろく信仰を集めていたが、正嘉元年（1257）の大火で伽藍を焼失していた。その時、上人は勧進聖となって寺を再興した。上人の教えを来聴する大衆が十万人にも及んで、上人は人々から「十万上人」と呼ばれ、敬われた。

　正安2年（1300）3月、この頃、京都では疫病が流行していた。そこで上人は、壬生寺において、鎮花祭の神事を融通念佛に取り入れる持斎融通念佛を考えつき、これをもって疫病退散を祈願すると、たちまち平癒した。この時、上人は拡声器とてない昔、群衆を前にして最もわかりやすい方法で念佛の教えを説こうとした。そして、里の人に身ぶり手ぶりの無言の所作をさせて、念佛の教えを説いたのである。これが「大念佛会」という法会となり、壬生狂言の始まりと伝えられている。

庶民の娯楽として

　近世に入ると壬生狂言は本来の宗教劇のみならず、能や物語などから色々と新しく取材して、庶民大衆の娯楽としても発展した。江戸時代には、松尾芭蕉が「門で押さるる壬生念佛」と連句に詠んだように隆盛を極め、他の芸能に影響を与えたり、大坂・江戸で出開帳公演も行われた。そして、曲目やその数も変遷し、現在上演するものは30曲である。

　しかし、能狂言とは異なって、すべての演者が仮面をつけ、一切、台詞を用いず無言で演じる壬生狂言の形は、今でも変わらない。また、狂言に合わせて奏でられる囃子は、金鼓（カネと通称）・太鼓・笛の三つで構成される。場面に応じて「ながし」「あさひ」「つくし」「かぐら」の四種の曲を奏でる。ユーモラスな演目の中にも勧善懲悪、因果応報の理を教える宗教劇としての性格を今日まで残してきた。

春秋と節分の公開

　壬生狂言の定期公開は、年3回である。春の公開（毎年4月29日〜5月5日の7日間）は、「壬生大念佛会」という壬生寺の法要であり、狂言はこの期間、朝・昼・夜の勤行のうちの昼の勤行として、壬生大念佛講が、壬生寺の本尊である延命地蔵菩薩に奉納するものである。この法要は正安2年の創始以来、700年間途絶えることなく、続けられている。

　また、秋の公開（毎年10月の連休の3日間）は、昭和49年（1974）に復活した。節分の公開（毎年2月節分の前日と当日の2日間）は、春の大念佛会のさきがけとして、さらに壬生寺節分会の参詣者の厄除・開運を祈願し、壬生狂言の『節分』を毎日8回、繰り返し上演している。

以上のような、狂言の一般公開以外にも、「すねきり会」「面棒巻き」「開白式」「結願式」（結願式のみ公開）など、狂言を行う上での宗教儀式があり、講中の参加が義務づけられている。

狂言堂で営まれる「結願式」。舞台奥には地蔵菩薩半跏像が安置されている

舞台・仮面・衣裳・小道具

　狂言を演ずる大念佛堂（狂言堂）は、安政3年（1856）の再建である。「本舞台」「橋掛り」という能舞台に類似した構造の他、綱わたりの芸をするための「獣台」や飛び込んで消える「飛び込み」など、演技に関連する特殊な装置を持つ、他に類例を見ない独特の建造物として、昭和55年（1980）に国の重要文化財に指定された。さらに昭和58年（1983）から、2年半にわたり解体修理が行われた。

　京都では壬生寺の他、千本閻魔堂、嵯峨清凉寺、神泉苑で念佛狂言を伝承しているが、狂言舞台として完成された姿で、江戸時代から連綿と使用されてきた舞台を有するのは壬生狂言だけで、建築史から見ても、高い評価を受けている。

　収蔵する仮面は、190点余である。最も古いものは室町時代の作で、山王大権現、稲荷大明神、住吉大明神の三つであり「壬生三面」と呼ばれる。この三面は江戸時代中頃までは実際に狂言に用いていたが、神格化されて現在は使用せず、保存されている。

　現在、使用しているものの中では、山田喜兵衛の作と伝えられる桃山

時代の仮面が五面ある。その他、江戸時代に入ると大蔵虎明、出目家友、出目六左衛門などの作の仮面があり、昭和には北沢如意、長澤氏春、石倉耕春、見市泰男、後藤祐自の各氏らの作で仮面史の上でも貴重なものが数多い。また、仮面はすべて「旦那」「供」や「綱」「保昌」など役柄、役名で平易に呼び習わされ、壬生狂言独自に創作された仮面もある。

さらに衣裳・小道具は、現在は使用せず保存されているものも含めると、数百点を数える。衣裳で最も古いものは、安永8年（1779）の墨書があるものであり、京都ならではの友禅染や絞など、技術的資料的にも勝れた衣裳が数多い。小道具では寛永12年（1635）の銘をもつ笏が最も古く、現代の生活では見られない民俗資料も数多く有する。

これらの仮面・衣裳・小道具、そして狂言堂までもが、一部を除き、すべて篤信者の寄進によるものである。信者たちは、仮面・衣裳・小道具であれば裏側に、狂言堂ではその柱に、物故者の法名や「家内安全」などの祈願を、刻銘あるいは墨書して奉納したのである。これにより、物故者の菩提が弔われ、あるいは寄進者の祈願が成就するのである。

最近は、経年による傷みが生じてくる一方、洋装化の影響で奉納の習慣は薄れた。また保存や復元は費用高騰で年々難しくなる傾向にある。しかし、定期公開の鑑賞料をあて、さらに京都府・市の補助を受け、その事業は年々、着々と進められている。

壬生大念佛講の尽力

この壬生狂言を伝承して演じるのは、「壬生大念佛講」の人たちである。講中は、壬生狂言がその職業ではなく、会社員、自営業などの本職

をもち、小学生から70代まで、その昔よりおもに地元に居住する檀信徒約30名で構成している。講中は現在、舞台で狂言を演じたり、囃子を奏でる「狂言師」と、着付けを担当する「衣裳方」に区分され、衣裳方以外はすべて男性である。

　近年は文化や伝統に興味を持つ者や、反面、受験や就職で入退講者があるものの、後継者の養成を大きな課題の一つとして、講中一致協力して伝承と保全に日々努力している。

　戦後になると、壬生狂言は民俗文化財としての評価が高まっていった。おもな業績は昭和41年(1966)に国立劇場のこけら落としに民俗芸能部門から唯一選ばれて出演したのをはじめ、昭和51年(1976)にフランスのシラク首相(のち大統領)夫妻が特別鑑賞。同年、国の重要無形民俗文化財として、京都府下では第一番に指定を受けた。平成8年(1996)には京都新聞文化賞を受賞している。

　近年は、与謝蕪村が「永き日を云はで暮るや壬生念佛」と詠んだ頃ののどかな世の中ではなくなった。しかし、講中は伝統・宗教性に加え、本来持っていた庶民の娯楽性をも理解していただくべく、精進をしている。その活動の一環として、定期公開に止まらず、全国各地や平成6年(1994)にはハワイ大学からも招聘を受けて出張特別公演を行い、新たな結縁を得ている。

　そして、平成12年(2000)に壬生狂言は創始700年を迎え、これを記念して円覚上人像が佛師・中川大幹氏によって復刻された。令和2年(2020)には壬生寺旧本尊・縄目地蔵菩薩像が同氏によって復刻され、4月24日に開眼法要が営まれる。講中一同はさらなる伝承に努めるべく、決意を新たにしている。

より深く楽しむために知っておきたい、
壬生狂言鑑賞の要点を紹介——

壬生狂言、ここに注目！

登場人物

『花折』の僧が付ける面は伊藤若冲が奉納したもの。独特の愛嬌のある表情に滑稽な仕草が合わさり、魅力溢れる人物描写となる。壬生狂言の登場人物は、だらしない人物も怖い悪人も、なぜか憎めないのである

仮面

壬生狂言を特徴づける最たるものが、役柄ごとに用意
された仮面。控えの間には多用される120の面が掛
けられていて、古い作品では桃山時代にまでさかのぼ
る。ひとたび演者が面を付けると、たちまちに生き生
きとした表情を帯びてくる

衣裳

『紅葉狩』の鬼女の鮮やかな打掛けは、美しさと共に
恐ろしさをも際立たせる。壬生狂言では衣裳によって
も登場人物の性格や場面の変化を表現している

小道具

「壬生大念佛」と書かれた団扇や扇子、戸口に見立てた戸板、白や縞の面棒その他、壬生狂言で用いられる小道具はシンプルで、講中による手作りの道具も多い。これらを巧みに使い分けて多彩な場面を描き出す

仕草

壬生狂言は無言劇であり、身ぶり手ぶりの表現となる。仕草の一つ一つに意味があり、登場人物の心情をも表わす。『桶取』の照子が閼伽水を汲む作法には、宗教的な意味合いが込められている

技

壬生狂言には高度な技も飛び出す。『玉藻前』の狐が見せる、狂言堂の構造を生かした「飛び込み」や、『土蜘蛛』で綱と保昌が披露する「壬生の早襷」など、躍動感溢れる演技は観客を大いに沸かせる

囃子と音

壬生狂言は「カンデンデン…」と表
現されるカネ・太鼓・笛の囃子に乗っ
て演じられ、場面によっては緩急も
つけられる

また、怪物が現われる時は「鏡の
間」の羽目板を「バタバタバタ」
と叩き、おどろおどろしい音を立
てるといった効果音の演出もある

演目の紹介と解説

愛宕詣　あたごまいり | Atago Mairi

愛宕の茶屋で土器投げ（舞台では土器の代わりに煎餅）に興じる旦那と供、娘連れの母親

支払いを値切るなど茶屋の女を困らせる供

笠を被った娘を見初めた旦那は、妻にしたいと母親に交渉する

笠を取ると現われた不器量な娘に、旦那は驚いて逃げ出す

愛宕詣

あたごまいり | Atago Mairi

登場人物
茶屋の女、旦那、供、母親、娘

◆───あらすじ

　茶屋の女が登場し、店で愛宕神社の参詣客を待つ。そこへ目深に笠を被った娘を連れた母親が入って来る。続いて、金持ちの旦那が供を連れて参詣に訪れ、同じ茶屋へ入る。旦那たちは茶を飲み、土器投げをして橙の枝を買う。供は茶屋の女に「茶が熱い」と文句をつけたり、支払いを値切ったりして、何かとやかましい。

　帰ろうとした旦那は華やいだ装いの娘を見初め、供に命じて娘をもらい受けるように母親と交渉させる。しかし、ただでは承知しないので、結納がわりに大刀や羽織を渡す。強欲な母親は、旦那と供の衣服をもくれるならば、娘を嫁に出すという。いやがる供は必死に自分の衣服を隠そうとするが、母親が全部取り上げる。娘が引き渡されると、母親と供は去る。旦那が娘の被っている笠を取ると、美女とばかり思っていたのとは裏腹に、不器量な娘であった。旦那は驚いて逃げ出し、娘はその後を追いかけて行く。

◆───仕草（旦那を表わす時）

　この狂言の中心となるのは、供である。供は母親と交渉する時、旦那がいかに優れた人物であるかを示すため「私のメンメ（主人）は二本差しだ」という仕草をする。自分を指差し（＝私）、親指を立て（＝メンメ）、両手の人差し指を立てて腰に差す動き（＝二本差し）をする。つまり、この旦那は大小刀を差すことが許された金持ちであることを自慢する。

　この狂言には教訓めいたものは直接現われないが、『大原女』と同じく、威張ってばかりいる旦那（上に立つ者。

娘の素顔に驚く旦那

いわば権力）を揶揄している。

◆━━━小道具（煎餅と樒）

　京都の西北に位置する愛宕山の愛宕神社は、火災除けの神社として現在でも有名である。かつて山の二の茶屋では土器投げをするところもあり、この狂言でも煎餅を土器の代わりに投げる。これを食べると厄除けになるという。

　また、劇中、供が樒の枝を買うが、昔は火災除けの御札をこの枝に括りつけて持ち帰り、毎朝葉を一枚かまどに投じて火の用心を祈願した。壬生狂言では他にも『大原女』『山端とろろ』が、京都東北部の情景を描いている。いずれも能狂言などからの取材ではなく、壬生狂言独自に創作された演目である。

Atago Mairi——Atago Pilgrimage

The scene is a tea shop near Atago Shrine, a shrine in northwestern Kyoto where people pray for protection against fires. There appears a maiden in a deep-brimmed hat, accompanied by her mother, and next a *danna* (wealthy gentleman) together with his servant. The latter two drink some tea, toss clay saucers for good luck (Actually, they toss crackers to the audience, and those who eat these are luckily freed of evil spirits), and buy some sacred foliage.

　The *danna* notices the maiden's flowery robe, is enamoured with her, and has his servant intervene and ask the mother for her daughter's hand in marriage. As a betrothal gift, the servant offers a sword and jacket, but the greedy mother also wants the two men's robes if she is to give away her daughter. The servant tries to hide his robes, but the mother wins out. The maiden is given to the *danna*, and the mother and servant depart. The *danna* removes the maiden's hat, and discovers she is quite the contrary of the pretty lady he had imagined. He flees, and she chases after him.

安達が原

あだちがはら │ *Adachigahara*

安達が原に住み、糸を紡いでわびしく暮らす老婆。しかしその正体は……？

老婆は鬼女となって旅人に襲いかかる

山伏が老婆に一晩泊めてほしいと頼む

老婆は打掛けに身を隠し、鬼女と化して山
伏に襲いかかるが、山伏は柊の枝を突き出
して応戦する

安達が原

あだちがはら ｜ *Adachigahara*

登場人物
老婆 = 鬼女、山伏(やまぶし)、飛脚、旅人数人
（きじょ）

◆───あらすじ

　安達が原（現在の福島県二本松市）に一人の老婆が住んでいた。老婆が糸を紡いでいると、旅人が一晩泊めてほしいとやって来る。老婆は愛想よく家に招き入れる。旅人が眠ると老婆は正体を現わし、鬼女となって旅人を食い殺し、また老婆の姿に戻る。老婆は訪れた旅人や飛脚を次々と食い殺していく。

　一人の山伏（山野を歩き修行する僧）がやって来て泊めてもらい、眠ろうとするがどうにも眠れない。開けてはならぬと老婆にいわれた屏風をうかがっていると、鬼女が襲いかかる。驚いた山伏はホラ貝を吹き、数珠(じゅず)を揉(も)んで念じるが効き目がない。そこで、腰に差していた柊(ひいらぎ)の枝で鬼女の顔を突くと、鬼女は逃げ出して行く。

◆───仕草（「一晩泊めて下さい」）

　旅人は老婆に「一晩泊めて下さい」という仕草をする。まず右足を舞台の手摺りに掛けて脛(すね)を二度さすり疲れていることを表わす。人差し指をかざすのは「一晩」を表わしている。次に、右手を目の前で左右に振り、肩のところに持ってきて首を右に傾ける。これで「寝る」ことを表わし、転じて「泊めて下さい」となるのである。

◆───仮面（とくす）

　山伏は「とくす」と呼ばれる仮面をつけるが、この「とくす」は壬生狂言ではさまざまな役柄で登場する。「とくす」に似た役割をするものに「阿呆(あほう)」と呼ばれる仮面（『愛宕詣(あたごまいり)』『大原女(おはらめ)』などの供に用いる)もある。「とくす」は「阿呆」よりは少しだけ知恵と勇気がある設定になっている。

　壬生狂言は大きく分けると、庶民

旅人の様子をそっとうかがう老婆

の話を主題とした「やわらかいもの」、太刀合せを行う「かたいもの」に分類される。「とくす」は『紅葉狩』『堀川御所』などの「かたいもの」にも使用され、場の雰囲気を和らげる役割をする。

◆───小道具（屏風と戸板）

この狂言では小道具として屏風と戸板が用意される。屏風の向こう側が別室であることを表わし、戸板は老婆の家の入口を表わす。戸板は『花折』『大黒狩』では寺の入口、『山端とろろ』では店の入口になる。このように壬生狂言では大掛かりな作り物ではなく、簡素な小道具しか用いない。観客に想像力を働かせ、演技に引き入れる効果を持っている。

Adachigahara

There lived an old woman in Adachiga-hara. She is spinning thread, and along comes a traveler. The traveler gestures to her, "please put me up for one night." First he places one leg on the stage rail to express that his legs are tired, and raises one finger, meaning "one night." Then he makes gestures expressing "sleep," showing he wants a place to sleep. The old woman kindly invites him in, but after he falls asleep she reveals her true form as a demon and eats him up. Next, a mountain ascetic comes and has her put him up for a night. He is unable to fall asleep. He peeks behind the folding screen which the old woman told him not to look at, and the demon woman starts to attack him. Surprised, he blows his conch horn and tries working a prayer with his prayer beads, but this has no effect. He then takes the sprig of holly which is stuck in his belt and pokes it into the demon woman's face, whereupon she runs away.

大江山　おおえやま｜Ōeyama

頼光が勧めた酒をあおる酒呑童子

酒で酔わせた隙をついての鬼退治。茨木の鬼と闘う綱

住吉明神から授かった兜を被り、鬼に変化した酒呑童子と対決する頼光

頼光を苦しめた酒呑童子だったが、助太刀した綱と保昌によって仕留められる

大江山

おおえやま ｜ Ōeyama

登場人物

酒呑童子、頼光、綱、保昌、山伏、血洗い、
住吉（＝柴刈）、茨木の鬼、赤鬼、子鬼数人

◆───あらすじ

　源頼光は家来の渡辺綱、平井保昌、山伏を従え、山々を歩き谷川を飛び越えて大江山を目指す。途中、川で血に染まった着物を洗う血洗い（娘）に出会う。

　この娘は鬼にさらわれた者だったので、助けに来たことを告げ、鬼の棲家を聞く。さらに進むと、柴刈の老人（実は住吉明神）に会い、道を教わる。鬼の棲家にたどり着くと、頼光は酒呑童子に宿を頼み、持参の毒酒を勧める。

　毒酒に酔った酒呑童子たちが棲家に引き上げると、頼光たちは疲れを取るため一寝入りする。すると、夢枕に住吉明神が現われ、頼光に兜を与えて「今のうちに退治せよ」と教える。

　頼光たちは身支度をして、鬼の棲家に斬り込み、次々と鬼を退治していく。鬼の姿に変化した酒呑童子は頼光と闘い、頼光の兜に嚙みつくが、住吉明神の兜を嚙み砕くことはできず、頼光を助けに来た綱、保昌に斬られる。頼光たちは酒呑童子の首を討ち取って帰って行く。鬼に怯え逃げ出していた山伏は、茨木の鬼に襲われるが、鬼が嫌いな柊の枝で追い払う。

◆───仕草（鬼の酒宴）

　この狂言は、京都府北部にある大江山の鬼伝説の物語である。一番の見どころは酒呑童子たちと頼光との酒宴の場面であろう。

　頼光の一行と酒呑童子をはじめとする大勢の鬼たちがずらりと一堂に並び、酒宴をする光景はたいへん豪華である。また、この後の頼光たちと鬼との戦いの場面も迫力がある。

住吉明神に勝利を祈願する頼光

◆————囃子（夢の中）

住吉明神が登場する時、囃子が変わる。この囃子に特定の名称はないが、特にカネ（金鼓）は低音で柔らかい感じのものになる。これは『紅葉狩』で地蔵尊が登場する場面と同様に、夢の中であることを表わし、『山端とろろ』の夜の場面の囃子にも使用される。

◆————仮面（茨木の鬼と赤鬼）

壬生狂言の鬼の仮面は、現在約20点が伝えられている。その中で茨木の鬼は桃山時代、山田喜兵衛の作と伝え、赤鬼は天明7年（1787）面屋藤吉の作である。特に茨木の鬼は壬生狂言独特の仮面であり、鬼面の原点ともいえる貴重なものである。

Ōeyama

This play dramatizes the demon tale of Ōeyama in northwestern Kyoto prefecture. Minamoto Raikō (10th c.) marches toward Ōeyama with his vassals, to conquer the demons. They come across a maiden washing a blood-stained kimono in a river, and an old woodcutter (actually, the deity Sumiyoshi), and get directions from them. Reaching the demons' dwelling place, Raikō requests lodging from the drunkard boy, who head the demons. He encourages them to drink the poisoned wine he specially brought, and they get intoxicated and retreat to their abode. Raikō and his vassals go to sleep, but Raikō has a dream in which the deity Sumiyoshi gives him a helmet and tells him, "Go slay them now." Raikō and vassals get outfitted, charge into the demons' abode, slay the demons and behead the drunkard boy, and set off home in victory.

The highlight of this kyōgen is the elaborate scene of the drinking party. The fighting scene is also exciting.

桶取

おけとり | *Oketori*

閼伽水を桶に汲み、壬生寺に向かう照子

照子を見初めた大尽は懸命に口説き、二人は仲睦まじく共に踊る

大尽の手を引きあう照子と本妻

大尽は照子を追い、残された妻は自らの容姿を嘆き、化粧などを試みる

桶取

おけとり | Oketori

登場人物
照子、大尽、本妻

◆―――あらすじ

　壬生寺の近くに住む照子という娘は、生まれながら左手の指が三本しかなく、来世は五体満足に生まれるようにと、壬生寺の本尊地蔵菩薩に祈願し、毎日尼ヶ池から閼伽水を桶に汲んで参詣していた。

　そこへ和気俊清という金持ちの大尽が来て、照子を見初めて口説く。照子は素気なく振り切っていたが、大尽はあれこれと口説き、ついに照子が折れて大尽に踊りを教えることになる。

　二人が睦まじく踊っていると、これを知った臨月の本妻（大尽の妻）は大いに怒り、両人を責める。夫婦は大喧嘩をするが、この間に大尽は照子を逃がす。大尽は迷うが、妻を捨てて照子を追う。残された妻は自分の容姿を嘆き、せめて化粧をしてみたらと、いろいろ試みるが望みを失い、悲しみの末に狂乱してしまう。

◆―――仕草（『桶取』の宗教性）

　この後日談として、大尽の妻は嫉妬のあまり狂死する。両人は行いを悔い、壬生狂言の始祖円覚上人の導きにより、妻の霊を慰めるため出家したという。しかし、狂言では何故かこの後日談は演じられていない。あえて、そこまで描かず余韻を引くことによって演出効果を出している。

　照子が桶で水を汲む時は、延命地蔵菩薩の種子（佛を象徴する文字）に因んで「以」の字を書くように汲み、地蔵菩薩の真言「オンカカカビサンマエイソワカ」を口中に唱えながら、一般的な地蔵菩薩の種子「を」を描くように歩まねばならない。閼伽水を汲むこの作法は目立たないが、演者がこれを内に秘め演じると、滲み出

紫シゴキを手に、照子を口説く大尽

るように、『桶取』の宗教性が現われ
るのである。この演目は壬生狂言を
代表する演目で、最も重要な曲目とし
て位置づけられている。

◆───小道具（大尽の紫シゴキ）

　大尽は紫シゴキ（帯）を照子に渡し
て口説く。かつての求愛の風俗を模
倣したものである。現在でも結納の際
に「帯地料」が新郎から新婦に贈ら
れるのは、その名残である。

　『桶取』は、近松門左衛門の『傾
城壬生大念佛』に取り入れられてい
る。また、京舞井上流の地唄「桶取」
や上方唄「三国一」も有名である。あ
りふれた男女の葛藤を描いたものな
がら、いかにこの演目の芸術性が優
れているかが、うかがい知られる。

Oketori—The Bucker Taker

A maiden named Teruko lived nearby
Mibudera. Born with only three fingers
on her left hand, she prayed to the Jizō
Bosatsu of Mibudera that she would be
reborn next time without any handicap.
Every day she draws water in a bucket to
offer to the buddhas, and comes pay
homage. A wealthy man comes upon
this, and falls in love with her. She treats
him curtly, but the man says this and
that to win her over. Finally, Teruko sub-
mits to him, and she teaches him danc-
ing. As they are dancing intimately, the
man's real wife, who is in her last month
of pregancy, appears on the scene and
becomes enraged, and the couple have a
huge quarrel. The man has Teruko es-
cape and, though hesitant, he leaves his
wife for Teruko. The wife, left behind,
laments about her figure. Thinking some
make-up might help, she tries various
things. However, she loses hope and, out
of sadness, finally goes insane.

　The story is a commonplace one
about the conflict between men and
women, but displays the fine acting skills
of the actors.

大原女

おはらめ | *Oharame*

旦那と花見に訪れた供。滑稽な仕草を交えて大原女の母娘とやりとりをする

大原女の母親が持参した草餅を横取りする供

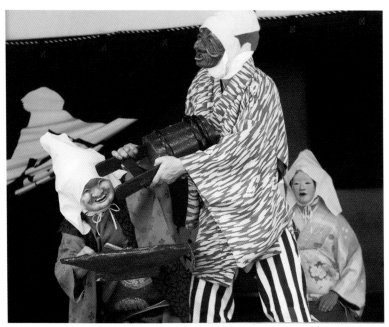

母親は供の気を逸らして酒をたくさん注がせる

酔った気分で踊りに興じる旦那・供と娘二人

大原女

おはらめ ｜ *Oharame*

登場人物
旦那（だんな）、供（とも）、母親、娘三人

◆――――あらすじ

　供を従えた旦那が花見に来て酒宴を開く。そこへ三人の娘を連れた母親の大原女がやって来る。母親は道端で立ち小便をするなど、奔放（ほんぽう）な女性である。旦那は供に命じて、娘たちと一緒に酒宴をしたいと母親に申し込ませる。母親は「一番に酒を飲ませろ」とやかましい。酒盃を次々とまわした後、娘たちが踊りを踊ることになる。旦那は気に入っていた二番目の娘を引っ張ろうとする。

　怒った母親はいったんこの娘を連れて帰り、他の娘が踊っている間に、自分の衣裳と娘の衣裳を取り替えて戻って来る。それと知らない旦那は、娘に変装した母親を引っ張りこみ、他の娘たちや供を帰らせる。旦那は美しい娘と思って顔を覗きこむと、実は不器量な母親だったので、驚いて逃げて行く。

◆――――仕草（供と母親とのやりとり）

　京都の東北部にある大原（おおはら）には、「大原女（おはらめ）」と呼ばれる行商人の女性が、頭に花などをのせて京都市内を売り歩くという独特の風習がある。この狂言は供と母親の掛け合いが見せ場である。立ち小便の仕草も、面白いものになっていて、不潔な感じは受けない。

◆――――囃子（「あさひ」）

　それぞれ異なる美しい衣裳をつけた娘たちが、舞台に掛けられた桜の花（造花）を前にして踊る場面は、とても華やかである。この時、笛が高らかに鳴る「あさひ」という曲が流れる。「あさひ」は、踊り以外にも各番組の最後や酒宴の場面でも奏でられる。

◆――――衣裳（前帯・女鬘（まげ）・ちょんまげ）

　娘たちは、帯を前に結んで登場す

供の腕をつねる母親。二人の掛け合いが楽しい

る（他の演目でもこれは見られる）。テレビの時代劇などではまず見られないものなので、不思議に思う方も多いであろう。これは江戸時代中期から後期に流行したもので、実際に行われていた当時の町衆の風俗である。

また、娘たちや母親の鬘は厚紙を芯にして、黒繻子を被せて作ったものである。頭頂部の和紙の飾りは丈長である。さらに供のちょんまげは、白木綿に後髪を染めたものである。裏返しにすると坊主頭になり、『花折』などの僧が被っている。

壬生狂言の女鬘やちょんまげは、独自に開発されたもので、壬生狂言が最も発達した江戸時代の庶民風俗をそのままに写している。

Oharame——Vending Lady of Ōhara

"Oharame" are the ladies of Ōhara, in northeastern Kyoto, who traditionally carry flowers atop their heads and sell these along the streets in town. A *danna* (wealthy gentleman) has come to Ōhara with his attendants and is having a flower-viewing party. Along come an Oharame and her three daughters. The mother pees at the roadside and shows herself to be a wild one. The *danna* orders his attendant to tell the mother that he'd like her daughters to join him in a drinking party. The wine cup is passed around many times, and then the daughters, in beautiful robes, dance under the cherry blossoms. The *danna* tries pulling at one of them, and the mother is enraged and takes that girl home. The mother dons that daughter's robes and returns to the party. Not realizing this, the *danna* keeps the disguised mother there and sends all the others away. When the *danna* looks at the face of the "maiden," he is shocked to see she is the uncomely mother, and runs away.

餓鬼角力

がきずもう | *Gakizumō*

閻魔大王から鬼との角力を挑まれた餓鬼たちに、地蔵尊が力を与える

三人の餓鬼たちは次々と鬼を負かしていく

囃子に乗って喜び勇み、勢いづく餓鬼

餓鬼たちを打ち負かし引き上げようとする閻魔に、地蔵尊が一対一の勝負を挑む

餓鬼角力 がきずもう ｜ *Gakizumō*

登場人物
地蔵尊、餓鬼三人、閻魔、茨木の鬼、赤鬼、子鬼数人

◆───あらすじ

　閻魔大王が大勢の鬼を従えて登場する。一方、地蔵尊に導かれて登場した餓鬼（亡者）たちは、恐れてぶるぶると震えてばかりいる。閻魔は地蔵尊に、鬼と餓鬼に角力を取らせようともちかける。初めは鬼が四股を踏むだけで餓鬼は転んでしまう。

　そこで地蔵尊が餓鬼に力を与えると、鬼を負かすようになる。餓鬼は大いに喜んで踊る。鬼の頭である茨木の鬼まで負けてしまったので、怒った閻魔が餓鬼の相手になる。すると、さすがに閻魔には餓鬼が三人一緒にかかっても歯が立たない。

　満足した閻魔は帰りかけるが、地蔵尊が閻魔に勝負を挑む。両者はそれぞれの味方からさかんに声援を受けるが、遂に閻魔が負ける。敗れた閻魔は悔し紛れに鉄棒をふるい、鬼たちに八つ当たりして引き上げる。

◆───仕草（餓鬼と鬼との角力）

　壬生寺の本尊は地蔵尊（地蔵菩薩）であり、地蔵尊の慈悲の心を、鬼と餓鬼との角力によって表わしている。初めは弱々しい餓鬼たちが、地蔵尊によって次第に力づき、態度も一転、鬼たちをやり込め、打ち負かしていくさまを面白く見せている。恐ろしい地獄のありさまを描いたものではあるが、楽しい雰囲気の狂言である。

◆───囃子（角力の勝負がついた時）

　演技の中で角力の勝負がついた時、勝った方（餓鬼、あるいは鬼）が急ピッチの囃子にのって踊る。しかし、この囃子に特別の名称はない。この囃子をあえて形容すれば「ガンガラガンのガンガラガンのカンデンデン」となる。まことに賑やかで雰囲気を盛り上げる効果がある。

三人がかりでも餓鬼たちは閻魔に歯が立たない

◆─────小道具(弓)

　舞台の正面の柱に、土俵を表わす小道具が用意される。まず、柱に赤い襦袢（じゅばん）が巻きつけられる。現在の大相撲は吊り屋根になったが、古くは四隅に柱があり、布が巻かれていたのを模している。さらに、ざる、口を拭（ぬぐ）う紙、弓が括（くく）りつけられる。ざるは塩籠、紙は力水を飲んだ後に使う。そして、弓は、最後に餓鬼が取って帰る。これは現在の大相撲と同じく「弓取り」を表わす。

　弓は安政2年（1855）のものなど数点が使用されている。『玉藻前（たまものまえ）』などで、矢を射る場面でも弦はつけない。弦があるという体（てい）で、仕草をするのである。

Gakizumō——Hungry Ghosts' Sumō

This kyōgen reveals the compassion of Jizō Bosatsu, the main figure of worship at Mibudera, through a sumō wrestling match between devils and *gaki* (hungry ghosts). Yama, the king of hell, appears with his retinue of devils, and a group of *gaki*, guided by Jizō Bosatsu, shows up. The *gaki* tremble in fear of Yama. Yama suggests to Jizō Bosatsu that they have the devils and *gaki* compete in a sumō match. The *gaki* are very weak at first, but Jizō Bosatsu makes a prayer and they become strong. Greatly delighted by this, the *gaki* dance about. Finally even the topnotch devil loses, so the angered Yama takes on the *gaki* himself. Yama indeed is strong, and even three *gaki* together are no match against him. Yama is satisfied so he decides to be on his way, but Jizō Bosatsu challenges him to a final match. Each side roots for its champion, but in the end Yama is defeated. To cover up his mortification, Yama swings his iron staff around and, venting his anger at the devils, departs with them.

蟹殿　かにどん | *Kanidon*

仲睦まじい蟹の親子。柿の実を採ろうとするが木に登れない

柿が欲しいと頼む親蟹をよそに、親猿は熟柿を独り占めする

成長した子蟹は親蟹を殺めた親猿に復讐する

鋏、栗、臼の家来たちと力を合わせ、子蟹は見事に仇討ちを果たす

蟹殿　かにどん | *Kanidon*

登場人物
親蟹、子蟹、鋏(はさみ)、栗、臼、親猿、赤猿(あかざる)、女猿(めんざる)、子猿数人

◆―――あらすじ

蟹の親子が柿の実を採ろうとするが、木に登れない。そこへやって来た親猿に採るように頼む。親猿は熟したものは自分で食べ、親蟹に渋柿を投げつけて殺す。子蟹はたいそう悲しみ、仇討ちを誓う。

やがて、成長した子蟹は「日本一のきび団子(だんご)」を腰につけ、猿が島を目指して旅立つ。途中、鋏に出会い、団子を半分与えて家来にする。栗や臼も家来に加わる。

猿が島にやって来た一行は斬り込んで子猿らを退治するが、親猿がいない。そこで、鋏は猿の棲家の入口に、栗は火鉢の中へ、臼は天井で待ち受ける。子蟹は親猿と闘い、親猿は逃げようとするところを、栗がはじけ、鋏がはさみ、臼が押しつぶして遂に討たれる。

一同が祝いの酒盃を交わそうとすると赤猿が暴れ込んで来たので、捕らえて馬の代わりにし、子蟹がまたがって引き上げて行く。

◆―――仕草(大念佛堂の三つの芸)

『猿蟹合戦』に『桃太郎』の話を加味した構成は古くからあり、子供にもわかりやすい勧善懲悪を説くものである。題材におとぎ話を取り入れたという点が、壬生狂言の庶民性の一面を見せている。

『蟹殿』は、壬生寺大念佛堂ならではの三つの芸、すなわち親猿が登場する時の「綱わたり」、臼が天井に上る時の「十文字の綱に乗る」、赤猿などが逃げる時の「飛び込み」が三つとも見られる唯一の演目である。

◆―――衣裳(陣羽織)

蟹、鋏、栗、臼はそれぞれ異なる陣羽織をつけて登場する。現在は復

木に登って柿の実を採る親猿

元されたものを使用しているが、原本はいずれも江戸時代に制作されたものである。戦いのための衣裳であった陣羽織も、江戸時代には威儀を誇るものに変化していき、壬生狂言の陣羽織にも背中の大きな家紋、衿の大きな折り返しなどにその影響が見られる。勇ましい仇討ちを演出する貴重な衣裳である。

◆―――小道具（被りもの）

　蟹、鋏、栗、臼は、手作りの被りものを被って登場する。これらは竹ざるを土台として、紙と竹などで作られた張り子である。素朴なものでありながら、年代を感じさせる貴重な仮面と見事にマッチする。実にほほえましい雰囲気を醸す小道具である。

Kanidon——Mister Crab

In this story, a popular fairytale teaches about good and evil in a manner that even children can comprehend. Distinguished by their battle coats, the heros are a crab, a pair of snips, a chestnut, and a mortar, who enact a valiant display of revenge. A father and child crab try to pick persimmons, but can't climb the tree. A monkey comes along, so they ask him to get the persimmons. The monkey eats the ripe persimmons and throws the bitter ones at the father crab, killing him. The crab child grows up and sets out to Monkey Island with his vassals — Snips, Chestnut, and Mortar — to take revenge. The troop charges onto the island, captures the monkey's child, and awaits the father monkey return. Snips hides at the house entrance, Chestnut in the hibachi, and Mortar in the attic. Child crab fights the father monkey, and when Father Monkey tries to flee, Chestnut pops open, Snips pinches him, and Mortar crushes him, whereby they succeed in taking revenge.

熊坂　くまさか | *Kumasaka*

盗賊の熊坂長範は家来たちに牛若丸を襲うよう命じる

暗闇の中で盗賊らは牛若丸を襲うものの全く歯が立たない

一の家来は牛若丸に翻弄され、誤って二の家来を斬ってしまう

長範自ら長刀を振り回し、闇に紛れた牛若丸に挑む

熊坂 くまさか | *Kumasaka*

登場人物
長 範、長範の家来三〜四人、牛若丸、ぬがされ数人

◆———あらすじ

　盗賊熊坂長範の家来が次々と現われ、ぬがされ（通行人）の衣服をはぎ取るが、金を奪うことができない。そこへ長範が現われる。長範は牛若丸の一行が、奥州の藤原氏に身を寄せるため旅の途中であることを聞きつけていた。長範は牛若丸の宿を襲うよう家来に命じる。家来たちは身支度を整え、松明を点して斬り込んでいく。

　これを知った牛若丸は、闇夜を利用して次々と家来を討ち取る。家来たちは闇の中で同士討ちをしたり、深手を負った家来は長範に介錯されるなど散々に牛若丸に打ち負かされる。最後に長範が立ち向かうが、肩に一太刀浴びせられる。しかし、辛うじて命だけは牛若丸に助けられる。

◆———仕草（盗賊たちと牛若丸の活躍）

　牛若丸（のちの源義経）の活躍を描いた狂言である。この狂言は、前半は長範の家来の仕事ぶり（追いはぎ）の様子、後半は牛若丸と盗賊たちの対決の様子を見せている。

　劇中、家来の頭（狂言では「一の家来」と称している）が同士討ちを悔やむところや、長範が深手を負った一の家来を涙ながらに介錯する場面は、壬生狂言が無言劇であることを感じさせない、心理の描写が現われる場面である。言葉がなくとも、十分に状況が見て取れる。また、長範が華麗に長刀を振りまわし、牛若丸と対決する場面もこの演目の魅力である。

◆———仮面（番戸と柴刈）

　長範の家来たちはそれぞれ個性があり、仮面も役割も異なるという演出がなされている。恐ろしげな盗賊で

牛若丸に追い詰められた長範

あるとはいえ、どの家来をとっても微笑ましい人間性が溢れている。

その中でも最も異彩を放っているのが、年寄りの盗賊である「二の家来」である。この二の家来の仮面は「番戸」（夜警のこと）と呼ばれ、『山端とろろ』の番戸の役でも使用されている。「番戸」の面は、『大江山』で使用される「柴刈」を江戸時代後期に模刻したものである。

「柴刈」は、江戸時代初期、公儀御用面打師であった出目家の洞白満喬の作である。洞白は徳川将軍家の能面をはじめ観世家・喜多家の能面を数多く制作していた。仮面史上でも貴重な仮面である。

Kumasaka——Thief Leader Kumasaka

This tells of the heroic deeds of Minamoto Yoshitsune (12th c.) in his youth, when he was known as Ushiwakamaru. Kumasaka Chōhan, who is the leader of a band of thieves, makes his appearance and commands his vassals to attack the inn where Ushiwakamaru is staying. Taking advantage of the dark night, Ushiwakamaru is able to overcome the vassals. In the dark, the enemies mistakenly attack each other and so on. In the end, Chōhan himself confronts Ushiwakamaru. He gets slashed across the shoulder, barely coming out alive.

In this play, the dramatic acting of the head of the band of thieves as his vassals attack each other, and so forth, makes the audience forget that the actors speak no words. The scenes are full of psychological impact, and are vivid to the imagination even without verbal lines. Another exciting attraction of this kyōgen is the spectacular scene where Chōhan swings his long sword around in his duel against Ushiwakamaru.

賽の河原 さいのかわら | *Sai no Kawara*

地獄に堕ちた餓鬼。生前の悪行が帳付け（左）によって明かされ、鬼に舌を抜かれる

釜茹でにされた餓鬼を喰らう赤鬼と黒鬼

地蔵尊の祈念によって餓鬼はもと通りの姿に戻る

賽の河原 さいのかわら ｜ *Sai no Kawara*

登場人物
地蔵尊、閻魔、帳付け、黒鬼、赤鬼、餓鬼

◆─────あらすじ

　閻魔の庁に一人の餓鬼（亡者）が引き出される。生前の行いが映し出されるという「浄玻璃の鏡」に向かわせ、帳付け（書記）が一部始終を書き留めると、この餓鬼は大悪人だったことが判明する。

　閻魔大王は、まず鬼たちに餓鬼を金棒で打ちすえさせる。応えないと見た閻魔は怒り、釜茹でにして食べてしまえ、と命じて去る。鬼たちは釜に湯を沸かし、餓鬼の舌を抜き、餓鬼を茹で上げて食べる。そこへ地蔵尊が来て、餓鬼の遺骸をもらい受け、鬼たちが去った後、地蔵尊が祈念するともとの餓鬼に戻る。地蔵尊は餓鬼と共に去って行く。

◆─────仕草（「餓鬼を食べる」）

　この狂言は、壬生寺の本尊である地蔵尊（地蔵菩薩）の霊験を表わした

ものである。地獄のありさまをそのままに描いたものであり、あらすじではいかにもむごたらしい残酷な光景の感がある。しかし、鬼の演技をユーモラスに描いているためか、全体の雰囲気はとても和やかで、笑いをも誘う。

　閻魔や黒鬼は、「餓鬼を食べる」という仕草をする。両手を握って前で震わせるのは「餓鬼」を表わす。また、両手を握り、引き裂くように左右に広げ、口のところに持ってきて、食べるような仕草をすると「食べる」になる。この「餓鬼」と「食べる」は、よく似ているが、じっくりご覧になれば、違いがおわかりいただけると思う。ちなみに、茹で上がった餓鬼は、頭を上役の黒鬼が、手足を赤鬼が食べることになっている。「頭は脳ミソがあるから美味しい」からだそうだ。

餓鬼の行いの一部始終に目を通す閻魔大王

◆―――囃子（カネの奏者は背を向ける）

　囃子は「ながし」が中心となるが、鬼が餓鬼を棒で打つ場面や釜の湯を沸かす場面など、カネ（金鼓）の打ち方やリズムを変化させている。

　カネ（金鼓）の奏者は観客に背を向けて奏でるが、これはかつて壬生狂言が本堂の前で演じられていたことに関連する。カネ（金鼓）は本尊の地蔵菩薩に対して打たれるもので、狂言の演者は本尊のために大念佛、すなわち狂言を行い、仏に仕える人々なのである。現在の大念佛堂においても、本尊の分身として太鼓座の後ろに、地蔵菩薩像が安置されている。カネ（金鼓）の奏者が観客に背を向けるのは、壬生狂言創始以来の伝統であり、作法なのである。

Sai no Kawara—The River Beach Where Souls Suffer

This kyōgen conveys the miraculous powers of Jizō Bosatsu (Ksitigarbha-bodhisattva), who is the main image of worship at Mibudera. A hungry ghost is brought before the king of hell, Yama, and is faced before a mirror reflecting his deeds in life. Clearly, it shows he was a great sinner. As punishment, King Yama has his devil underlings beat the man with their iron staffs. But the man does not repent, so the angered King commands the devils to boil him in a cauldron and eat him. The devils yank out his tongue and boil and eat him. Jizō Bosatsu arrives, and manages to receive the hungry ghost's bones. When the devils leave, he performs a prayer which brings the hungry ghost back to human form. Jizō Bosatsu lectures the sinner to mend his ways, and they depart together.

Indeed, this kyōgen depicts hell and includes gruesome scenes, but the devils act humorously, giving the whole play a comical tone.

酒蔵金蔵

さかぐらかねぐら | *Sakagura Kanegura*

大名が留守の間に蔵の酒を盗み飲む金蔵番

戻って来た大名は酒蔵番と金蔵番を縛って戒め、再び外出する

自分たちで縄をほどいて懲りずに騒いでいた二人。大名もさすがにあきれかえる

酒蔵金蔵

さかぐらかねぐら ｜ *Sakagura Kanegura*

登場人物
大名、酒蔵番、金蔵番

◆───あらすじ

　金持ちの大名は二人の番人に酒蔵と金蔵を見せ、それぞれしっかりと番をするように命じて外出する。初めはまじめに番をしていた二人だが、すぐに退屈してふざけ合う。そして、少しくらいならわからないだろうと、蔵の酒を飲み、金を盗んで騒ぐ。

　そこへ大名が戻り、酒蔵番を棒に縛り、金蔵番を柱に縛って再び外出する。二人はお互いに助け合って縄をとき、また蔵を開けて騒ぐ。帰ってきてこの様子を見た大名はあきれはて、ほしいものはいくらでもとれと、三人揃って大いに浮かれ踊りながら退場する。

◆───仕草（「酒」と「金」）

　能狂言の『棒縛り』を壬生狂言独自に作りかえたもので、いつの世にも酒と金は人間を誘惑し、いくら戒めても、酒と金による間違いは絶えないということ

を見せたものである。

　劇中、大名らは扇子を広げて、口元に運ぶ仕草をするが、これは「酒」を表わし、また、両手で丸く円を作って「金」を表わす。

　壬生狂言では酒を飲む場面が数多い。これは、もともと壬生狂言が花見の季節に行われていたからであろう。かつて、疫病は花が散る頃にきまって流行した。そこで、疫神を鎮めるために「鎮花祭」が生まれ、壬生狂言にその祭事が加味されたのである。酒宴はどの演目でも雰囲気を和やかにする。

◆───仮面（頼光と酒蔵）

　大名は「頼光」と呼ばれる仮面を使用する。この仮面は、『土蜘蛛』の源頼光、『舟弁慶』の源義経など、多くの演目で使用される武将の仮面であるが、この大名はくだけた役で、

棒に縛りつけられる酒蔵番

一見、不釣り合いに感じられる。しか
し、独特の「三枚目」を見事に演じ、
酒蔵番、金蔵番とかけあって笑いを
誘う。

　また、酒蔵番の赤い顔の仮面は
「酒蔵」と呼ばれ、現在では『酒蔵
金蔵』のみに使われる（時々「くわれ」な
どの役で使われることもある）。この仮面は
天和2年（1682）作の刻銘があり、
壬生狂言の仮面の中でも、最古の
部類に入る貴重な仮面である。

　能狂言の分類では、「平太」にあ
たるこの仮面は、もともと『紅葉狩』の
維茂に使われていたとみられている。
後世になって赤く塗り替えられたた
め、酒蔵番に使用されるようになった
のだろう。

Sakagura Kanegura—Wine Storehouse, Money Storehouse

This play tells about the incessant problems caused by wine and money. A wealthy man shows his wine and money storehouses to two men. He tells them to carefully watch over them, and goes out. At first, the two seriously perform their duty, but soon become bored and start mischief. Figuring that just a little won't be missed, they drink a little of the wine and pilfer a little of the money. The wealthy man returns and ties the two up. He then goes out again. The two help each other untie their ropes, and again open the storehouses and start pilfering. The feudal lord gets home and sees what is happening. Absolutely disgusted at the three of them, he lets them take whatever they want. The threesome dance off in high spirits.

　During the play, the threesome use their folding fans to represent wine, and a circular motion of their hands to represent money.

節分　せつぶん | *Setsubun*

節分の厄払いに鰯の頭と柊、豆を用意する後家

後家に頼まれて厄払いがまじないをする

やがて後家のもとに旅姿の鬼が現われる

鬼は真の姿を隠し、打出の小槌で呼び出した着物を与えるなど後家に取り入る

男の正体が鬼とわかり、後家は怯えながらも豆を投げつけて鬼を撃退する

節分

せつぶん ｜ Setsubun

登場人物
後家、鬼、厄払い

◆───あらすじ

　節分の日、後家は豆を用意し、柊に鰯の頭を刺して門口につけ、やって来た厄払いに厄を払うまじないをさせる。厄払いが去ると、今度は蓑笠をつけた旅姿の鬼がやって来る。後家はこれに驚いて逃げ出す。そこで鬼は策略を練り、門口の鰯を食べ、魔法の「打出の小槌」で着物を出して変装して後家を呼び出す。

　鬼は後家にたくさんの着物を与え、共に酒宴を始めるが、酔いつぶれる。後家はつい欲が出て、鬼の小槌を奪い、着物まで剥ぎ、その正体を見て叫び声をあげる。鬼はその声に目を覚まし、何もかも取られたことに気付き、怒って後家につかみかかろうとするが、後家は鬼の嫌いな豆をまいて鬼を追い払う。

◆───仕草（厄払いのまじない）

　この狂言には厄払いという人物が登場する。厄払いは「鶴は千年、亀は万年、東方朔は九千年、三浦大介百六つ、向こうから鬼が来たら私が追い払いましょう」と、めでたい言葉を仕草で表わす。

　鶴亀は長寿の生き物。東方朔は中国の故事にある長寿の仙人。三浦大介は、源頼朝の忠臣三浦義明のことである。頼朝が幕府を開いたあと、義明の功績を称えて十七回忌を営み、生きていれば百六歳と偲んだ故事による。

　かつては、厄払いが各家を巡ってこれらを唱え、謝礼に年の豆と銭を包んだものをもらい受けていたが、今ではまったく見られなくなった。しかし、この厄払いと最後の豆まきが相まって節分の原風景を描いたものといえよ

相手が鬼とは知らず酒宴をする後家

う。そして「この狂言を見ている人々の厄を払う」という意味合いを持つ。

◆───小道具（蓑笠と打出の小槌）

鬼の蓑笠は、姿を隠す力があるとされる。蓑笠は昨今、家庭ではまったく使われず、壬生狂言でも今後、調達をするのが困難になる道具である。

鬼が、打出の小槌で鞍掛（木製の椅子）を叩くと、舞台に控えている「後見」が着物などを渡し、「欲しい物が何でも飛び出る」という体を表わす。これはこの鬼が本来「蓬莱の鬼」であることを示す。

後見はただ演技の手助けをするというだけではなく、何らかの事情によって演者が途中で演技を続けられなくなった場合などの不測の事態には、演者に代わって演技を行うという役目もある。

Setsubun——Spring Equinox

It is the spring equinox. A widow prepares the traditional beans and sticks a sardine head on a holly twig and places it by the door. An exorcist comes around, and the widow has him perform a magical rite. The exorcist leaves, and along comes a demon dressed as a traveler in sedgy hat. The widow is taken aback and tries to flee, but the demon devises a trick. He eats the sardine, makes a kimono appear by using his magical mallet, disguises himself, and calls to the widow. The demon gives the widow many kimonos, and they have a drinking party, but the drunken demon falls asleep. The widow turns greedy, takes the demon's mallet, even strips him of his kimono, and gives out a scream when she sees his true form. The demon is awakened by this, realizes his things have all been stolen, becomes enraged, and tries to catch the widow. However, she pelts him with the beans and gets rid of him.

By watching this spring equinox play, the audience also is blessed by being freed of evil spirits.

大黒狩

だいこくがり | *Daikoku-gari*

寺の僧は大黒（妻）と子供と仲睦まじく暮らす

参詣に訪れた旦那に見つからないよう、僧は大黒に地蔵尊の仮面を被せて厨子に隠す

妻帯していたことが見つかってしまい、僧は子供を背負わされ寺を追放される

大黒狩

だいこくがり │ *Daikoku-gari*

登場人物

僧、大黒、旦那、供

◆───あらすじ

　一人の僧が大黒（僧の妻を大黒と呼ぶ）と子供を連れて、寺へと帰って来る。僧は熱心に子供をあやしている。そこへ旦那が供を連れて参詣に来る。僧は大黒に地蔵尊の仮面を被せ、本尊の厨子に隠す。旦那は本尊を拝みたいと申し出る。困った僧は、厨子の扉を少し開いただけで追い返す。これを怪しんだ旦那は再び本尊を拝みたいとやって来る。僧はあわてて大黒を隠すが、無理やりに扉を開けさせられて隠した大黒を見つけられる。大黒は即座に追いやられ、僧は裸にされて子供を背負わされ、日傘一本で寺から追放される。

◆───仕草（僧の演技）

　かつて僧侶は戒律によって妻帯は許されず、密かに妻帯していることが露見すると、寺を追われるという制裁があった。寺の大念佛にこのような題材を取り入れたことが興味深い。能狂言でも出家物と称し、僧を風刺した演目は数多いが、あえてこれを寺内で演じ、僧侶の醜態をさらすことによって、自戒としたのだろう。

　『花折』には似たものが能狂言にあるが、この『大黒狩』は壬生狂言独自に生み出され、古くから演じられてきた演目であるところからも、それがうかがえる。

　僧は愛しい妻や子供をなんとか隠そうと一生懸命である。この僧を人間臭いものとして描いていることが、逆に、観る者に僧に親しみを覚えさせ、寺の中で演じているのに説教ぶらない嫌みのないものにしている。

　そのためであろうか、笑いを誘う狂言なのだが、結末にはなんとなく哀れを感じてしまう。

僧は地蔵尊の仮面を逆さに被せてしまう

◆───衣裳（僧のデンチ）

　最後に僧は裸にされるが、その時に着ているデンチ（袖無し半纏）は「天明の大火」と「河内の大水」の横死者の名を染め抜き、弔った江戸時代後期作の衣裳である。

　もともと壬生狂言の衣裳は、一般の信者が故人の追善などの願いを込め、既存の衣裳に墨書をして奉納する風習がある。しかし、このデンチは演者たちが非業の死をとげた人々のために制作したものである。このデンチからは、壬生狂言のもつ宗教性の一面が垣間見られる。

　なお、このデンチに因み平成7年（1995）に阪神・淡路大震災横死者追善のデンチが制作奉納され、現在『餓鬼角力』で使用されている。

Daikoku-gari—Daikoku Hunting

A monk returns to his temple with his wife (*daikoku*) and child. A *danna* (wealthy gentleman) comes on a pilgrimage with an attendant. The monk has his wife don the Jizō Bosatsu's mask, and hides her in the shrine for Jizō Bosatsu. The *danna* requests to pray at the shrine. The monk, in a fix, opens the shrine doors just slightly and then shoos the *danna* away. The monk tries hard to hide his dear wife and child. However, the suspicious *danna* again asks to pray at the shrine. The monk confusedly hides his wife, but is forced to open the shrine doors, and his wife is discovered. The wife is ousted, and the monk is disrobed and made to leave the temple, carrying his child on his back.

Formerly, monks were bound to celibacy. Many traditional forms of drama take up the theme of monks committing worldly acts. The inclusion of this play in the Mibu Kyōgen repertoire is probably meant to cause the monks to repent.

大佛供養

だいぶつくよう ｜ *Daibutsu Kuyō*

主君の仇討ちを決意し、母親と水盃を交わす景清

景清は掃除人に扮して敵の頼朝に近づく

景清は頼朝に斬りかかるが、家来の畠山が見破って阻止する

再び頼朝のもとへ斬り込んできた景清であったが、大名たちに捕らえられてしまう

大佛供養

だいぶつくよう ｜ *Daibutsu Kuyō*

登場人物

景清（かげきよ）、母親、頼朝（よりとも）、畠山（はたけやま）、大名二人

◆───あらすじ

　平家の没落後、主君の敵（かたき）の源頼朝を狙う平家の侍大将、悪七兵衛（あくしちびょうえ）景清は、平重衡（たいらのしげひら）によって焼討ちされていた奈良東大寺の大仏の供養に、頼朝が訪れることを聞きつける。景清は母親のもとへ暇乞（いとまご）いに行く。母親は頼朝を討つのは危険だからと反対するが、その決意にうたれ、水盃を交わして見送る。

　頼朝は畠山重忠（しげただ）ら家来たちと酒宴をしていた。掃除人に変装した景清は頼朝に近づき、懐刀で斬りかかるが、畠山に見破られ、その場はなんとか逃げのびる。再び襲って来ると察した頼朝は、畠山らに景清を捕らえるように命じ、畠山らは身支度を整えて、警備をより一層厳しくする。そして、斬り込んできた景清は再び畠山に打ち負かされ、捕らえられてしまう。

◆───仕草（「敵（かたき）」と「僧」）

　景清は母親に敵の頼朝を討つと訴えに行く時、「敵」の仕草をする。また、頼朝は景清を捕らえろと命じる時も同じ仕草をする。「敵」は右手を右耳のところで縦に三回まわして前に出し、また耳のところに戻す。これは「怒りで頭に血がのぼっている」ことを表わす。

　一方、『堀川御所』の正尊（しょうぞん）は、景清とよく似た扮装だが、出家していたことから僧と同じ仕草で表わす。僧は右手を右耳のところで縦に三回まわして前に出す。耳のところに右手を戻さないという違いがある。これは「頭を丸めている」という意味である。

◆───衣裳（景清の三つの衣裳）

　この狂言は、場面が大きく三つに分かれ、景清がそれぞれ異なったいでたちで登場する。

掃除人の姿で仇討ちの機会をうかがう景清

母親との別れの場では、男笠に紫法衣の旅姿。別れの水盃を交わして、互いに涙する場面は、前半の見せ場である。

頼朝に斬りかかる場面では、黒烏帽子に白狩衣の掃除人という変装姿。頼朝の側近である畠山の萌葱の直垂や、大名の桐に鳳凰文の素襖長袴の衣裳も豪華で美しい。それらの家来が並ぶ優雅な酒宴の中、景清が懐刀で切りかかるところは、手に汗握る瞬間である。

最後の討ち入りでは、濃紅色地に唐獅子牡丹文様の金襴法被を纏った武将の姿である。景清がただ一騎で斬り込み、長刀を振るう場面は、力強さと華麗さを感じさせる。このように、その時々の情景に衣裳が溶け合い、景清の心理を描写しているのである。

Daibutsu Kuyō——Homage to the Great Buddha

It is the end of the 12th century, and Taira Kagekiyo of the fallen Heike clan hears that his master's enemy, Minamoto Yoritomo, will be visiting Tōdaiji temple in Nara to pay homage to the Great Buddha. Kagekiyo goes to his mother to bid her farewell. Disguising himself, he approaches Yoritomo at a drinking party Yoritomo is having with his vassals. He tries to slay him with his dagger, but his plot is foiled by Hatakeyama Shigetada, and he barely escapes. Yoritomo orders his vassals to capture him, and strengthens the guard. Kagekiyo makes his attack. However, he is again defeated by Hatakeyama, and is captured.

There are three acts, each showing Kagekiyo in a different costume. When bidding his mother farewell, he wears holy robes and a sedgy hat. The highlight is the tearful parting scene. In his initial attack, he is disguised as a cleaning person. For his final raid, he is dressed as a fighting warrior.

玉藻前

たまものまえ | *Tamamo-no-mae*

鳥羽院の見舞いに訪れた玉藻前。し
かし安倍泰成は、神鏡でその正体を
見破る

正体を現わした狐は那須野に逃げて
人々を襲っていたが、三浦之介と上
総之介によって退治される

玉藻前

たまものまえ | *Tamamo-no-mae*

登場人物

玉藻前（＝狐）、関白、太刀持、泰成、
三浦之介、上総之介、早打ち、くわれ数人

◆───あらすじ

近頃、鳥羽院は病にかかり、御殿で臥せっておられる。そこで玉藻前と関白が、見舞いに訪れる。関白は陰陽師の安倍泰成を呼び、占わせる。泰成は神鏡で玉藻前の正体を見破る。

玉藻前は鳥羽院の寵愛あつい女御であり、泰成はわが目を疑う。しかし、泰成が御幣で玉藻前を祓うと、玉藻前は遂に正体を現わし、九尾の狐となって逃げ出す。

早打ち（急使）は、狐が那須野（現在の栃木県茶臼岳東麓）に逃げたことを知らせる。そこで、関白は三浦之介、上総之介を呼んで、狐の退治を命じる。

一方、那須野では、狐が乳児をさらい、くわれ（通行人）を食い殺していた。三浦之介、上総之介は狐を見つけ、矢を放つが、逃げられてしまう。三浦之介がその後を追いかける。そして、再び現われたところを二人が刀で斬りつけ、ようやく退治する。二人はその首を討ち取って引き上げる。

◆───仕草（御殿と草原）

前半は御殿の中、後半は那須野の草原という場面設定である。舞台奥には御簾が掛かり、関白や玉藻前がこれに向かって拝礼する。これは、御簾の奥に帝がいることを表わす。そのため、三浦之介、上総之介は登場する時、舞台の橋掛りで弓矢と大小刀を置く。これは「殿中であるから、別室で武器を外す」ことを表わしている。

この狂言で中心となるのは、やはり白色九尾の狐である。狐は舞台（つまり、御殿や那須野）狭しと跳ねまわって、舞台の「飛び込み」に飛び降りる。こ

泰成によって正体を明かされた九尾の狐

の「飛び込み」は、壬生狂言独自の装置であり、見せ場の一つである。

◆――――小道具〈くわれの白面棒〉

　くわれが白面棒を上下させながら登場するのは、「草原の草を掻き分けている」ことを表現している。この面棒は、竹に白の和紙を貼り付けたもので、原則として人間が用いる。さらに、紅白の和紙をだんだらに貼り付けた、紅白面棒もある。こちらは、主に鬼や猿などの鬼畜が用いる。これらの面棒は、毎年３月に行われる「面棒巻き」という行事で、毎回貼り替えられる。素朴なものでありながら、いかに、面棒という小道具が壬生狂言にとって重要なものであるかがわかる。

Tamamo-no-mae――Fox Lady Tamamo-no-mae

Retired Emperor Toba (early 12th c.) has taken ill, and so the court lady Tamamo-no-mae and the *kampaku* (emperor's chief adviser) go pay him a sympathetic visit. The *kampaku* calls in a diviner and has him find out the cause of the illness, whereupon it is discovered that Tamamo-no-mae is really a fox in disguise. She shows her true form as a nine-tailed fox and runs away. A messenger comes with the news that the fox has turned up at Nasuno in the Kantō region and is eating up the local people. The *kampaku* sends two warriors there to slay her.

　The special feature of this kyōgen is the action of the white, nine-tailed fox, who leaps about and even jumps down from the stage. In the palace room scene, the emperor never makes an appearance, but it is obvious that he must lie behind the reed blind. Weapons are not allowed in the room, so when the warriors enter, they leave their weapons on the bridge.

土蜘蛛

つちぐも │ *Tsuchigumo*

打掛けを纏い、ヒタヒタと忍びよる土蜘蛛

土蜘蛛は糸をかけて頼光を苦しめる

糸にまみれながら土蜘蛛と闘う綱

綱と保昌によって退治された土蜘蛛は、苦し紛れに糸を撒き散らして倒れる

土蜘蛛 つちぐも | *Tsuchigumo*

登場人物
土蜘蛛、頼光、綱、保昌、太刀持

◆──あらすじ

近頃、源頼光は病にかかり、気分がすぐれない。そこで家来の渡辺綱、平井保昌と共に酒宴をするが、疲れたので臥せる。家来たちが宿直の間にさがると、土蜘蛛が現われ、頼光に糸をかけて襲いかかる。頼光が太刀を抜いて斬りつけると、土蜘蛛は消え去ってしまう。

騒ぎを聞いて綱らが駆けつけるが、土蜘蛛はどこにも見当たらない。頼光は綱、保昌に土蜘蛛退治を命じる。二人は襷がけをし、松明を点して準備を整える。

保昌が土蜘蛛の巣を探しあて、二人が斬り込んでいく。綱、保昌は力を合わせて土蜘蛛を退治する。土蜘蛛は最後に苦し紛れにたくさんの糸を撒いて倒れ、二人は土蜘蛛の首をとって引き上げる。

◆──衣裳（頼光・土蜘蛛の打掛け）

この狂言は壬生狂言の代表的な演目の一つで、大変人気が高い。衣裳が豪華であるのもこの演目の魅力である。頼光の打掛けの文様は「富士の巻狩」と呼ばれるもので、現在は復元されたものを使用しているが、原本は京都祇園の花街から奉納されたものと伝えられる。

また、土蜘蛛は黒茶緞子地の打掛けを被って登場する。緞子はもともと室町時代に中国から伝えられた織物である。緞子地の打掛けは、壬生狂言衣裳の中でこの打掛けのみであるが、たいへん豪華な衣裳である。打掛けを被るという体は、「姿を隠す」という意味があり、ヒタヒタと忍びよる蜘蛛の雰囲気をよく表わしている。

また土蜘蛛は後半、紺色を主体とした金襴の法被大口で再登場し、

頼光の身を案じつつ宿直に下がろうとする綱

綱、保昌と対決する。この華麗な衣裳で「飛び込み」もする。優雅な雰囲気の中にダイナミックなアクションも取り入れたところが、この演目の人気の秘密であろう。

◆―――小道具（土蜘蛛の糸）

　土蜘蛛はたびたび糸を撒き、観客を魅了する。土蜘蛛は能や、京都各地で伝承されている六斎念仏（壬生寺でも毎年8月に『壬生六斎念仏』と『中堂寺六斎念仏』が上演される）などでも登場する。壬生狂言の土蜘蛛は最も豪華な演出を伝承する芸能の一つといえよう。

　なお、土蜘蛛の糸はすべて講 中が手作りしている。この糸には厄除けや金運の御利益があると伝えているので、手にした方は大切にしていただきたい。

Tsuchigumo—The Ground-spider

The warrior Minamoto Raikō (12th c.) is not feeling well, and so to cheer himself up he has a drinking party with his retainers. He becomes tired, so his retainers leave the room. A spider appears and, spinning a thread around Raikō, attacks him. Though he is sickly, Raikō musters up his strength and wields his sword against the spider, whereupon the spider flees. Raikō commands his retainers to go conquer the spider. They find its dwelling place and charge in, making their attack. In desperation, the spider spews a great amount of thread about and finally collapses.

This kyōgen, filled with dynamic action, is one of the most representative and popular Mibu Kyōgen plays. The gorgeous costumes also contribute much to its appeal. At the high point, the spider showers thread from the stage, captivating the audience and supposedly bringing them good fortune.

道成寺 どうじょうじ | *Dōjōji*

紀州の道成寺で白拍子が釣鐘を前に踊る

僧もつられて踊り出すが、白拍子の放つ毒気を浴びてしまう

鐘の中に飛び込んだ白拍子は、蛇体と
なって再び現われる

住持の祈念によって蛇体＝清姫の怨霊は力を弱めていく

道成寺 どうじょうじ | *Dōjōji*

登場人物

白拍子（＝蛇体）、住持、僧二人

◆───あらすじ

　二人の僧が、新しくできた釣鐘をかついで来て、鐘楼に吊る。そこへ住持が来て、女には鐘を拝ませてはならないと二人にいいつけて外出する。二人が番をしていると一人の白拍子（歌舞を演じる遊女）が鐘を拝みたいとやって来る。二人は白拍子のあまりの美しさに、これを許してしまう。白拍子はお礼にと踊りを見せる。二人の僧も踊り出すが、白拍子の発散する毒気を浴びて倒れる。

　白拍子は蛇となった清姫の怨霊であった。白拍子が鐘の中へ飛び込むと、鐘が落ちる。二人はこの物音に目覚め、鐘をもと通り吊そうとするが、鐘は火のように熱くなって手がつけられない。二人が自分の責任ではないと喧嘩を始めたところへ住持が戻って来る。いきさつを聞いた住持

が鐘を祈念すると、鐘は徐々に上がって中から蛇体が現われ、住持に飛びかかるが、祈念の力で蛇体の力が弱まり、何もできずに消えて行く。

◆───仕草（白拍子の踊り）

　紀州（和歌山県）の道成寺の安珍・清姫伝説の後日談を狂言に仕組んだものである。古来有名な話で、さまざまな芸能が各地に伝承されているが、見事に壬生狂言風に仕立てられている。その中心は「かいぐり」「つばめ」「つかみ」と呼ばれる白拍子の踊りである。

　かいぐりは鎌を使って稲穂を刈る「収穫」、つばめは燕が低く飛び交う「田植え」、つかみは種をつかんで蒔く「種蒔き」という農耕の光景が表現されている。この踊りは田植神事を源流とする『桶取』に始まるもので、『大原女』などでも行われる。『道成寺』

白拍子の美しさに心躍る僧たち

では白拍子が踊りに合わせて衣裳を変えていき、囃子も相まって、蛇へと変化するさまを見せている。

　また、僧は面白おかしく演じられ、白拍子と共に踊る。僧を道化師のごとく見せることによって、白拍子の演技を引き立てる手法がとられている。

◆―――仮面（近江女と蛇体）

　白拍子は「近江女」、蛇体は「蛇体」という仮面を付けている。どちらも、昭和に面打師堀安右衛門氏によって制作された。以前は別の仮面を使用していたが、より舞台効果を出すために、新しい形式のものを新調した。このように、壬生狂言では伝統を重んじつつも絶えず新たなる発展を模索している。

Dōjōji—Dōjōji Temple

Two monks bring a new temple bell and hang it in the belfry. The head priest orders them not to allow females to pay respects to the bell, and he goes out. Along comes a beautiful courtesan to pay her respects to the bell. The two monks allow this, and she performs a dance for them in gratitude. The monks begin to dance, too, but are exposed to the poisonous air which she emits, and collapse. The courtesan jumps into the bell, and it falls down. Awakened by the sound, the monks try to hang the bell up again, but it is burning hot. The head priest returns, and he makes a prayer toward the bell, whereupon it rises and reveals a serpent, which attacks the priest. However, the power of the prayer weakens the serpent, and it fades away.

The courtesan's dance, with its various acts representing rice harvesting, seedling planting, and seed scattering, relates to farming. The courtesan accordingly changes robes, and lastly transforms into a serpent.

鵺 ぬえ | *Nue*

夜な夜な現われる怪獣が天皇を苦しめている。案じた関白は僧に祈禱を命じる

僧は祈禱を行うが、現われた怪獣＝鵺の魔力で金縛りにされ、衣裳を剝がされてしまう

怪獣退治の命を受け、早太が鵺を見つけ出す。鵺は綱渡りで再び舞台に姿を現わす

鵺を仕留めんと、頼政が武勇を発揮する

鵺 ぬえ | *Nue*

登場人物

鵺、関白（かんぱく）、太刀持（たちもち）、僧、頼政（よりまさ）、早太（はやた）

◆―――あらすじ

時は平安時代、頭が猿、胴が虎、尾が蛇という怪獣「鵺（ぬえ）」が夜な夜な内裏の屋根に現われ、近衛天皇を苦しめていた。関白は天皇の病気が治るように僧に祈禱をさせるが、僧は鵺の魔力で金縛りにされ、着ている衣裳を剝（は）がれる。

関白は源頼政（みなもとのよりまさ）と猪早太（いのはやた）を呼んで、鵺退治を命じる。二人は弓を張り、松明（たいまつ）を点（とも）して準備を整える。早太が鵺を探し出す。頼政はこれを射落とし、早太が一太刀浴びせるが、鵺は逃げてしまう。しかし、再び現われたところを両人で刺し、関白を招いてこの鵺を見せる。

関白は大いにその武勇を褒め、和歌を詠む。関白が上の句を詠むと、頼政が下の句をつける。まさに文武両道に秀でる、として関白より名刀を

授けられ、頼政と早太は鵺の首をとって引き上げる。

◆―――仕草（早太の弓張りと、鵺の綱渡り）

この演目は『平家物語』に書かれたもので、壬生狂言ならではの独特の演出が見られる。

前半の見どころは、早太が弓を張る場面であろう。この弓張りは実際に当時の武士が野外の樹木などを用いて行っていたものである。強弓（ごうきゅう）になると二人がかりで行う作業であるが、怪力の猪早太は一人で行う。むろん、舞台では適度に力を抜いているが、弓が折れるのではないかと思わせるほど力を込めた、真に迫る仕草で見せている。

また後半には、鵺は橋掛りの前に張られた綱を使って、まるで消防のレンジャー隊員のように腹ばいになって

弓張りの手に力を込める早太

綱渡りをする。これは廃曲となった演目『猿』で行われていたという技の一つで、『鵺』と『蟹殿』でのみ行われている。鵺の怪しい雰囲気が絶妙に出る技である。

◆━━━衣裳(鵺の股引)

　鵺は虎模様の筒袖を着て、同じ虎模様の股引をはいている。壬生狂言では、さまざまな役柄で、いろいろな種類の股引が用いられている。

　股引の原形はすでに室町時代にあり、江戸時代には職人などの仕事着として大いに発達した。これが各地で「ももひき」「ぱっち」として親しまれるようになったのである。庶民の衣服がそのまま芸能に取り入れられ、発達・伝承されてきたというのは、壬生狂言の優れた一面を示している。

Nue——The Monster

In the Heian period (8th-early 12th c.) there lives a monster having a monkey head, tiger body, and serpent tail, which nightly roams the attic of the palace and makes the emperor ill. The *kampaku* (emperor's chief adviser) has priests perform prayers to cure the emperor, but the monster's magical power binds them hand and foot, and rips away their robes. The *kampaku* calls forth two warriors (Minamoto Yorimasa and Ino Hayata) to subdue the monster. They find the monster and shoot at him with their arrows, but he gets away. He appears again, and they manage to capture him. They bring him to the *kampaku*, who recites a poem commending their heroism. The *kampaku* recites the first verse, and Yorimasa recites the second. The *kampaku* is impressed that Yorimasa is versed both as a warrior and a man of letters, and presents him with a splendid sword.

　This story is based on the *Tale of the Heike*. The monster performs fantastic stunts unique to the Mibu Kyōgen.

橋弁慶

はしべんけい ｜ *Hashi Benkei*

五条天神へ参詣に向かう弁慶

五条の橋ではあわて（住持と供）が千人斬りに怯えて逃げ惑っている

千人斬りを恐れず進む弁慶は
橋の上で牛若丸に遭遇する。
互いに斬り合うが、弁慶は長
刀を落とされついに降参する

橋弁慶

はしべんけい｜*Hashi Benkei*

登場人物

牛若丸、弁慶、太刀持、あわて、きられ数人

◆———あらすじ

　弁慶が五条天神に参詣しようとすると、千人斬りが出るからと、太刀持が止める。しかし弁慶はかまわずに出掛ける。五条の橋ではあわて（住持と供）が「千人斬りがやって来る」と逃げ惑っている。

　そこへ、亡き父の供養のために千本の刀を奪う願を立てた牛若丸が現われ、きられを次々と斬り倒していく。次に弁慶が通りかかると、牛若丸は弁慶を挑発して弁慶を戸惑わせる。斬り合いとなるが弁慶は長刀をうち落され、ついに牛若丸に降参し、その家来となる。

◆———仕草（きられの役割）

　この狂言は有名な京の五条大橋の武蔵坊弁慶と牛若丸（のちの源義経）の物語である。

　この狂言では「きられ」（牛若丸に勝負を挑む人々）と呼ばれる子役が大勢登場する。きられは、壬生狂言の演技を学ぶ上では初歩的な役で、「くわれ」「ぬがされ」もこの部類に入る。

　きられは簡単に斬られてしまい、登場する時間も短い、いわば端役である。しかし、このきられなどの役で、歩き方や刀の扱い方などを学び、次第に舞台に慣れていくことによって、さらに難しい役をこなしていくのである。

　壬生狂言の伝承方法はすべて口伝であって、指導書などの書物は一切ない。年少の演者は学業を終えた後、「世話役」と呼ばれる講中の代表者をはじめ、諸先輩から厳しい稽古をうけて本番に臨んでいる。口伝であるからこそ、ただの模倣と化せず次の世代へ伝えようとする先達の精神がその演技に宿るのである。

きられを斬り倒していく牛若丸

◆―――仮面（きられ）

　きられやくわれなどは、一回の上演に何人出演しなければならないという制約はない。学校の授業などの関係で出演できない年少の演者がいるため、ある程度の応変ができるようになっている。

　また、子役全般に用いられる仮面は子役用に作られた仮面ではなく、もともとある仮面の中から「小さい仮面で、固定された役柄のないもの」という条件で選ばれる。そのため種類はさまざまにある。しかし、子役用だから資料的価値の低いものというわけではない。くわれによく用いられる仮面であっても、そのほとんどは桃山時代から江戸時代のものである。

Hashi Benkei――Benkei on the Bridge

The legendary heroic monk Benkei (12th c.) wants to make a pilgrimage to the Tenjin god at Gojō in Kyoto, but his attendant urges him not to, as it would be dangerous. Benkei nevertheless sets off. At the Gojō Bridge, he encounters a crowd fleeing hither and yon because "The one who is going to murder a thousand people is coming!" Just then, Ushiwakamaru, who has vowed to snatch a thousand swords for the repose of his dead father's soul, appears and one after another fells the fleeing people. He comes across Benkei, and they have a duel. Benkei gets his long sword taken and finally succombs. He thus becomes Ushiwakamaru's retainer, and they depart together.

This kyōgen portrays the famous scene where Ushiwakamaru, later known as Minamoto Yoshitsune, meets Benkei on the Gojō Bridge. Children play in the "bit part" roles of the slain people trying to flee from Ushiwakamaru.

花折

はなおり ｜ *Hanaori*

花見に訪れた旦那の供に禁札を見せる僧。「この花折るべからず」とある

酒を盗み飲んでいた僧は、供に見つかり縛られる

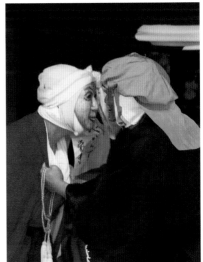

僧が酒に酔って寝ている隙に花は折り取られ、戻った住持は激怒する

花折

はなおり ｜ Hanaori

登場人物
住持(じゅうじ)、僧、旦那(だんな)、供(とも)

◆───あらすじ

　若い僧が住持に日傘をさしかけて出て来る。寺には桜が満開で、住持は僧に「この花折るべからず」という禁札を枝につけさせ、花見客を入れないよう命じて外出する。

　僧が番をしているところへ、供を連れた旦那が花見にやって来る。供は寺に入れてくれるように頼むが、僧は許さない。仕方なく門前に毛氈を敷いて酒宴を始める。すると、酒好きの僧は塀越しに酒を盗み飲み、供に縛(しば)られる。しかし、二人を寺内で花見をさせることを条件に許される。

　僧も酒宴に加わり、さんざんに騒いだ末、僧は悪酔いして倒れてしまう。旦那は供に花の枝を折らせ、帰って行く。寺に帰った住持はこのありさまを見て怒り、僧を杖で叩きながら追い出して行く。

◆───仕草(酒宴の遊び芸)

　この狂言は僧の酒の戒めを説いたものであるが、『大黒狩』と同じく、あくまでもユーモラスに描いている。この狂言の中心は、僧と供との掛け合いである。

　初めはなんとか酒を盗み飲(の)もうとする僧と、これを懲らしめようとする供なのだが、酒宴になると妙に仲が良くなる。特に、酒宴の遊び芸が面白い。まず、狐拳(きつねけん)(じゃんけん)をして負けた方が酒を飲むという賭け事をする。次に箒(ほうき)を三味線に、枡(ます)を盤に見立てて扇拍子を取り浄瑠璃を語る。最後は盃を傘に、箒を傘の柄(え)に見立て、太夫道中(ゆうどうちゅう)(僧が太夫、供が傘持ちの役)のまねをする。それぞれ手近の箒や枡を使い、見事に表現されている。

◆───仮面(僧)

　破戒僧でありながら、僧に親しみ

92

酒に酔って上機嫌の供と僧は浄瑠璃に興じる

深い印象をもってしまう一因は、その独特の仮面にあるといえるだろう。この仮面はどう見ても偉い高僧には見えないが、大悪人でもない。今にも笑いを吹き出しそうな愛嬌のある顔つきをしている。

　この仮面は江戸後期の画家、伊藤若冲（じゃくちゅう）が奉納したものである。若冲は画家として活動する以前は青物問屋「桝屋」の当主であり、その当時、壬生寺周辺は京野菜「壬生菜（みぶな）」を中心とする野菜の産地であった。若冲は壬生狂言と接する機会があったのである。若冲がこの仮面を自ら制作したとはいい難いが、制作にあたって何らかの指示をしたことは十分考えられる。謎の画家といわれる若冲の一面をうかがい知る貴重な仮面である。

Hanaori—Breaking the Cherry Branch

It is spring, and the temple cherry trees are in bloom. The head priest orders a monk to hang a sign, "Do not break off these branches," on the trees and not to let people in to party under the blossoms, and then he goes out. A wealthy man comes with an attendant and asks to be let in, but the monk refuses, so the two have their drinking party outside the gate. The monk, fond of drinking, sneaks some of their wine, and the attendant nabs him. He is freed, provided that he lets the two in. The threesome have a party on the temple grounds and horse around. Becoming drunk, the monk collapses. The wealthy man has his attendant break off a cherry branch, and they depart. The priest returns, sees what has happened, and chases the monk out of the temple.

In this humorous kyōgen, the games between the monk and attendant are amusing. They play "fox, lord, hunter" to see who must drink next, put on a pretend ballad-drama; and enact a "courtesan promenade."

花盗人

はなぬすびと | *Hana Nusubito*

盗まれた花を取り戻した供は、代わりに旦那から借りた小刀を盗人に取られる

小刀を取り戻そうとする供だが、大刀の扱いもおぼつかない

旦那が自ら盗人を捕らえるが、供はのんびりと藁を打ち、縄をなっている

挙句の果てに供は、盗人でなく旦那を縄で縛ってしまう

花盗人

はなぬすびと ｜ *Hana Nusubito*

登場人物
旦那（だんな）、供（とも）、盗人

◆───あらすじ

金持ちの旦那が供を連れ花見にやって来て、供に一枝折り取らせる。そこへ盗人が隙（すき）をついてこの枝を横取りする。供は返せというが、盗人は聞かない。やっとのことで花を取り戻すが、かわりに旦那の小刀を盗まれる。旦那は大刀を渡し、盗人を斬ってでも取り戻せと命じる。供は刀を研ぎ、立ち向かうが、大刀も巧みに取られてしまう。

とうとう旦那は、自分で盗人を捕らえるので縄を用意せよと命じる。供はのんびり藁（わら）を打ち、縄をない始める。ようやく旦那が盗人を捕らえるが、供はあわてて旦那を誤って縛（しば）り、盗人に逃げられる。旦那は怒って、藁打ちの槌（つち）を振り上げ、供を追いかけて行く。

◆───仕草（せりふ）（台詞の仕草は京言葉）

この狂言は、「盗人を捕らえて縄をなう」のたとえを面白く見せたもので、旦那の供が中心となって活躍する。一人だけで演技をする場面が多く、この供の役を演ずるのは難しい。大刀を扱う場面では、刀を研ぐところ、髭を剃って斬れ味を試すところなど、たった一本の刀でさまざまにその情景を描き出さなければならない。

壬生狂言は無言劇なので、台詞（せりふ）に当たる部分もすべて仕草でみせる。よく供が使う仕草に、京の町言葉の「すこい」と「あかん」がある。「すこい」は右手の人差し指をたて、相手（物）を続けて指さす。これは、ずるいなど相手を非難する意味である。「あかん」は右手と顔を二回続けて振る。これは、だめだ、嫌だ、ない、など否定する意味がある。特に「すこい」は、

供の滑稽な仕草が笑いを誘う

現在では使う人がほとんどいなくなった。壬生狂言は難しいという人がいるが、それはその動作を意味する言葉が使われなくなったためであり、何度か続けて鑑賞しているうちに仕草の意味を理解していただけると思う。

◆———小道具（桜の花）

　舞台の正面にかかる造花は、本物の桜の枝に紙とこよりを使って作られたもので、講中による手作りである。壬生狂言の小道具には閻魔の冠など匠の技が光るものもあるが、手作りのものも多い。花は実際のものよりも大ぶりにして舞台効果を出している。先人の知恵であり、庶民によって守り伝えられてきた壬生狂言の側面を見ることができる。

Hana Nusubito——The Flower Thief

Here is a comical enactment of the proverb, "Making rope after catching the thief."

A *danna* (wealthy gentleman) goes cherry-blossom viewing with his servant. He has the servant break off a flowering branch, but a thief comes by and steals it. The servant orders the thief to give it back, but the thief does not comply. At last the branch is retrieved, but the thief meanwhile steals the *danna's* small sword. The *danna* hands his servant his long sword, commanding him to retrieve the small sword even if it means killing the thief. The servant sharpens the long sword and confronts the thief, but the thief adroitly steals the long sword, too. Thus, the *danna* says he will catch the thief himself, and commands the servant to ready some rope. There is none, so the servant pounds straw and starts making some. The *danna* nabs the thief, but the servant mistakenly ties up the *danna*, and the thief escapes. The infuriated *danna* chases after the servant.

舟弁慶 ふなべんけい | *Funa Benkei*

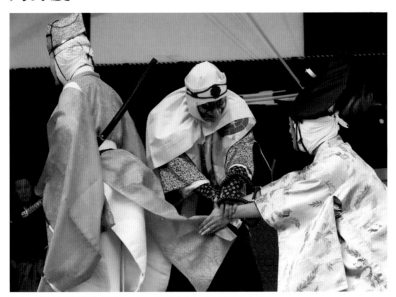

旅立つ義経と静御前との別れ。都へ戻るよう御前を説得する弁慶

勇ましく櫂を振り、波を切る船頭

海上に現われた知盛の亡霊に立ち向かう義経

知盛の霊は弁慶の祈念で鎮められ、消え去って行く

舟弁慶

ふなべんけい │ *Funa Benkei*

登場人物

知盛(とももり)、弁慶、義経、静御前(しずかごぜん)、船頭

◆───あらすじ

　平家の滅亡後、兄の頼朝と不仲になった源義経は、家来の弁慶たちとともに西国に逃れることになった。弁慶は静御前を呼び、義経と別れの盃を交わさせる。

　船頭に沖の様子を聞くと波は穏やかであるという。しかし、静御前を気づかう義経は出発を渋る。弁慶は義経を説得し、義経は静御前に都へ帰るように命じる。静御前は同行を願うが許されず、泣きながら帰って行く。

　一同は舟に乗り込む。船頭は錨(いかり)を上げ、波を切って沖へ出る。すると、次第に波が高くなり、平家一族であった平知盛の亡霊が現われる。知盛は長刀(なぎなた)を振りかざし、義経に斬りかかる。

　義経は太刀を抜き立ち向かうが、亡霊の知盛には歯が立たない。そこ

で、弁慶が必死に祈念を行うと、知盛は消え去って行く。

◆───仕草（舟と海）

　この物語は大変有名なものであるが、壬生狂言では船頭や知盛の演技が舞台を舟や海に自在に見立てる独自の演出がなされ、その情景を描いている。まず、舞台の橋掛りから飛び込みをまたいで、本舞台へ飛び移る場面は、舟へと乗り込むさまを表わしている。舞台の構造を生かした演出である。

　次に、船頭はただ櫂(かい)を漕ぐだけではない。初めのうちは、櫂を押し出すように動かして岸を離れるさまを表わし、次に波を描くように上下させ、海を表現する。さらに、櫂を素早く、左右に大きく振る。これは「波切り」と呼ばれるものである。

　一方、知盛は舞台で足拍子をド

弁慶の祈念で「仏倒れ」をする知盛の霊

ンドンと踏むが、これは波に乗るさまを表わしている。また、知盛が登場すると、それまで勇ましく活躍していた船頭が、急に弱々しくなってぶるぶると震え出し、弁慶らの引き立て役に変わる。

◆───囃子（羽目板の効果音）

囃子とまではいえないかもしれないが、壬生狂言では伝統の効果音がある。知盛が登場する時は、舞台の「鏡の間」（演者が出を待つ所）の羽目板をバタバタと叩いて音を出し、緊張感を盛り上げている。この効果音は、「かたいもの」と呼ばれる系統の他の演目で行われるが、『舟弁慶』では数回に分けて音をたて、亡霊・知盛の怪しい雰囲気を醸し出す。

Funa Benkei——Benkei in the Boat

This kyōgen takes up the famous story about Minamoto Yoshitsune and his retainer Benkei and others on their escape to the west after Yoshitsune's falling out with his older brother, Yoritomo, who became the Minamoto clan leader following the Minamotos' eradication of the Heike clan.

Benkei summons Yoshitsune's concubine, Shizuka Gozen, to have her and Yoshitsune share a cup of parting wine. Yoshitsune is worried about her and is reluctant to depart, but Benkei convinces him to leave and to tell her to return to the capital. Yoshitsune and entourage board their boat and, as they sail out to sea, the waves get high and there appears the ghost of Taira Tomomori, who was of the ill-fated Heike clan. Tomomori swings his long sword around and attacks Yoshitsune. Yoshitsune draws his heavy sword and confronts Tomomori, but Tomomori attacks him. Benkei thereupon makes a prayer, and Tomomori disappears. The exciting scene on the sea involves imaginative, bold use of stage props.

棒振 ぼうふり | *Bōfuri*

白覆面を着け、棒を構える棒振り。壬生狂言中、唯一素面で行う演目である

囃子に乗って棒を上下左右に振り回す

最後は水平に構えた棒を前後に飛び越える難技を披露

棒振

ぼうふり | *Bōfuri*

登場人物

棒振り、大念佛講中 全員
こうじゅう

◆————あらすじ

大念佛講中全員が、素面で舞台に整列する。次に棒振りが舞台に進み出て、「鬼門切り」をしたあと四方を踏んで地を固める（舞台を清める）作法をする。棒振りは五色の房をつけた黒白だんだら縞の棒を両手、あるいは片手で上下左右に振り回す。

講中は「大念佛」と書かれた扇子でこれをあおぎ、「チョウ、ハア、サッサイ」と囃す。棒振りが早くなると、囃子もそれにつれて早くなり「櫓まわし」「胴まわし」「肩はずし」などの型を行い、退場する。

◆————仕草（棒振りの決め技）

春秋の狂言公開最後の演目がこの狂言である。この『棒振』によって厄が払われると伝えられている。

棒振りは大変な技術、そして精神力が要求される。わずかな手のブレ

でも棒を取り落としてしまうため、後方に並んだ講中もその演技に集中し、棒振りと一体となって囃すのである。

最後に棒を水平に構え、前後に飛び越える技は、一番の難技である。見る者に息を呑ませるこの技が決まると、見ているだけでも本当に胸がすがすがしくなる。

◆————囃子（送りガネ）

壬生狂言は仮面劇であるが、この『棒振』だけは仮面をつけず、白覆面をするのみである。囃子もカネ（金鼓）だけで太鼓と笛は入らない。このカネ（金鼓）の打ち方には特に名称はないが、『棒振』のみに用いられる囃子である。

また『棒振』と『湯立』だけは囃し言葉をつかうが、「チョウ、ハア、サッサイ」は棒振りを力づける意味を持つ。棒振りの演技が終わった後、春

講中全員が整列し、棒振りに合わせて扇子で囃す

の公開のみ、「送りガネ」というカネ（金鼓）の連打がある。春は7日間連続の長い公開である。これを聞くと誰もが、無事終わったことを安堵すると同時に、寂しさがこみあげ、次の公開を待ち遠しく感じる。

◆─── 衣裳（棒振りの姿）

この棒振の赭熊を被り、裁着袴をはき、黒白だんだら縞の棒を持つという姿は、鬼（猿田彦ともいわれる）の姿を表わす。京都の祇園祭の綾傘鉾や四条傘鉾に関わりを持ち、また京都今宮のやすらい祭、さらに全国各地の民俗芸能で、これに似たものが伝承されている。

Bōfuri—Staff Waver

This is presented as the finale of the spring and autumn performances, and is the only Mibu Kyōgen play in which the actors are unmasked. Firstly, all the members of the Dai-Nembutsu Troupe (the troupe of Mibu Kyōgen actors) line up on the stage. Then the staff waver, veiled in white, enters the stage and stomps on its four corners, symbolizing the purification of the stage. He waves his staff, decorated with striped colors, to the right and left and up and down. The troupe members fan him with their folding fans and beat time with him singing a rhythmic tune. The staff waver performs several acts using the staff, and ends by laying the staff down and jumping back and forth over it and then leaving the stage. At the spring and autmn performance, this is followed by the ringing of a "send-off" bell.

The staff waver is a representation of the devil. The traditional belief is that this staff waver enactment wards off evil.

炮烙割　ほうらくわり │ *Hōraku-wari*

目代は市で最初の出店者を優遇すると立札で知らせる。羯鼓売はその権利を得る筈が……？

遅れてきた炮烙売は、羯鼓売が寝ている隙に炮烙と羯鼓をすり替える

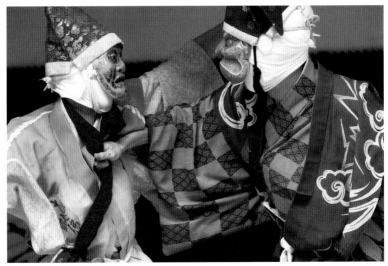

目覚めた羯鼓売は炮烙売と喧嘩になる

一番乗りを掠め取った炮烙売だが、羯鼓売に炮烙を落とし割られてしまう

炮烙割

ほうらくわり │ *Hōraku-wari*

登場人物

炮烙売、羯鼓売、目代
ほうらくうり　かっこううり　もくだい

◆———あらすじ

　目代（役人）が新しい市場を開こうとして、「一番に店を出した者は税金一切を免除する」という奨励の立札を立てて去る。そこへ羯鼓売がこの立札を見て第一番に店を出そうとするが、誰も来ないので一寝入りする。

　次に炮烙売が来て立札を見るが、先に羯鼓売が来ているのに気づき、寝ている隙に自分の炮烙（素焼きの土鍋）と羯鼓をすり替えて、一番乗りを騙し取ろうとする。しかし、目覚めた羯鼓売と喧嘩になる。そこへ目代がやって来て、二人の持ち物を調べ、これを裁く。

　目代は二人に芸競べをさせ、どちらか勝った方を一番乗りにすると告げる。炮烙売はなんとかごまかしてやり抜き、いったんは羯鼓売が勝ちを譲る。炮烙売は早速、たくさんの炮烙を並べて開店準備をする。しばらくすると、物陰から羯鼓売が現われ、これらの炮烙を割ってしまう。結局、目代は羯鼓売の方に税金免除の立札を与え、一同は去って行く。

◆———仕草（炮烙を落とし割る）

　この狂言は毎年春秋の壬生狂言公開中、毎日の序曲として演じられる。京都では2月の節分に壬生寺に参詣し、炮烙を境内で求め、寺に奉納するという風習が古くからある。この奉納された炮烙を、狂言で割ることによって奉納者は厄除開運が得られるのである。

　この狂言の見どころは、なんといっても、炮烙を落として割る場面であろう。積み上げられた多数の炮烙が豪快に落ちていくさまはまさに圧巻である。厄を除けるというよりは、厄を吹き飛ばすというくらいの迫力がある。これ

炮烙を店先に並べて欣喜雀躍する炮烙売

を見ると、長年、京都の人々に親しま
れ培われてきた庶民信仰に納得させ
られる。

◆――――囃子（「ながし」）

壬生狂言は昔から「壬生さんのカ
ンデンデン」と愛称で親しまれている。
カンはカネ（金鼓）を表わし、デンデン
は太鼓を表わしている。この基本のリ
ズムである「カンデンデン」が、「なが
し」と呼ばれるものだ。

この炮烙割は「ながし」が中心であ
る。しかし、その中でも芸競べの際、
柱に羯鼓や炮烙を打ちつけるのに合
わせて、カネ（金鼓）の打ち方を変化
させるなど、幅広いバリエーションをも
つ囃子でもある。

Hōraku-wari—Breaking Bisque Pans

A new marketplace is to open, and an official erects a sign announcing, "The first to open a shop will be exempted from taxes." A seller of leather drums sees this and tries to be the first; however, no customers come, so he takes a nap. Next enters a seller of bisque ware. Realizing that the drum seller is asleep, he switches their goods and tries to cheat the drum seller out of first place. The drum seller awakens and the two fight. The official arrives and declares that he will let the one who wins a talent competition be the first. The bisque ware seller wins, and prepares to set up shop. The drum seller arrives on the scene and magnificently drops the pans, breaking them. The official gives the drum seller the "tax exemption" sign, and they all depart.

At Mibudera, pilgrims at the time of the spring equinox traditionally buy bisque pans and present them to the temple as a votive offering. The dedicated pans are broken in the kyōgen, ridding their offerers of evil spirits and bringing them good luck.

堀川御所 ほりかわごしょ | *Horikawa Gosho*

義経の居館・堀川御所を訪れた正尊は、討伐目的でないことを起請文に記す

義経と弁慶に腹の内を見透かされた正尊は、いたたまれず立ち去る

夜になると正尊の家来の姉和が来襲し、供を倒して弁慶と闘う

続いて現われた正尊に長刀で応戦する弁慶

堀川御所

ほりかわごしょ | *Horikawa Gosho*

登場人物

正尊、義経、弁慶、柴田、供、姉和、くくり
しょうぞん　　　　　　しばた　とも　あねわ

◆───あらすじ

　源義経が兄の頼朝と不仲になっているところへ、正尊(土佐坊昌俊)が堀川御所(源義経の館。現在の京都の油小路六条にあり、すぐ西側が堀川であるので、この館は堀川御所と通称されていた)にやって来る。

　弁慶は頼朝の命を受け、義経を討ちに来たのだろうと正尊に詰め寄る。正尊は諸国巡礼の途中だと隠す。正尊は義経討伐に来たのではないとの誓約の起請文を書かされる。その後盃を交わすこととなるが、正尊は神罰をおそれて盃を落とし、そのまま立ち去る。
きしょうもん

　正尊は必ず襲って来るとみた義経は、弁慶ら家来に正尊を捕らえるように命じる。弁慶は警備を厳重にしていると、その夜、正尊の家来の姉和が討ち入る。弁慶は姉和を斬り倒し、

次に現われた正尊も弁慶に討ち伏せられて、くくり(捕縛者)に縄をかけられる。

◆───仕草(正尊と弁慶の対決)

　この狂言の中心人物は、弁慶と正尊である。両者の激しい問答は、その後の対決を盛り上げる。そして後半は、弁慶らと正尊、姉和の緊迫感のある斬り合いが連続する。弁慶が姉和を背後から一刀両断に斬り伏せ、姉和が「仏倒れ」をするところは独特の迫力がある。

　次に、正尊が弁慶と対決し組み討ちの末に、正尊が捕らえられる場面は、力が込められた迫真の演技でみせる。

　最後に捕らえられた正尊が、弁慶をにらむところでは、正尊の無念さがよく表現されている。

　また、供は姉和と闘うが、腹をえぐ

姉和を背後から一刀両断にして討ち取る弁慶

られ、痙攣してぶるぶる震え始めたところを串刺しにして惨殺される。文章にするといかにも凄惨だが、その演技は「とくす」の仮面をつけているためか、何故か観客席から笑いが起こる。

◆———小道具（正尊の中啓）

正尊は起請文を書く際に、中啓（儀式用の扇）を筆に見立てて用いる。中啓は壬生狂言では朱骨、黒骨、白骨の三種類を使うが、役柄に合わせてどの色の中啓を使うかが決まっている。そしてほとんどの役柄が、中啓あるいは大念佛と朱書された扇子などを持つ。その使い方は、ただ単にあおぐというものから「人（物、方角）を差し示す」「水を汲む」「押し頂く」などというものまでさまざまである。

Horikawa Gosho——Horikawa Palace

A person named Shōzon visits the Horikawa Palace in Kyoto, where Minamoto Yoshitsune resides. Yoshitsune's retainer Benkei suspects that Shōzon is on orders from Yoshitsune's older brother, Yoritomo, to destroy Yoshitsune. He presses him about this, and Shōzon lies, saying he is in the midst of making a religious pilgrimage to the provinces. He is made to write an oath swearing that he did not come to destroy Yoshitsune. There follows a drinking party, but Shōzon is unable to bear the strain, and he flees. Certain that Shōzon will return, Yoshitsune commands Benkei and other retainers to capture him. As expected, that night Shōzon's retainer, Anewa, sneaks in to attack Yoshitsune. Benkei overcomes Anewa, and when Shōzon then appears, Benkei also captures him and ties him up.

The agitated dialogue between Benkei and Shōzon builds up the drama, and the latter half of the play, when Shōzon and Anewa are fought and defeated, is filled with tension-packed action.

本能寺

光春や家来たちに本能寺への出撃命令を下す光秀

本能寺では信長の酒宴の最中。同座するのは妻のお濃の方と小姓の蘭丸・坊丸

孤軍奮闘の中、光秀と刃を交わす蘭丸

傷を負った蘭丸は炎上する本能寺を目にし、悲しみのうちに切腹して果てる

本能寺

ほんのうじ｜*Honnōji*

登場人物

信長、蘭丸、坊丸、お濃の方、
光秀、光春、家来数人、住持、僧数人

◆───あらすじ

　住持と僧らが読経して去って後、場面は明智光秀の陣となる。光秀は毛利氏討伐のため進軍していた。しかし光秀は進軍を止め、家来たちに信長のいる本能寺を襲うように命じる。

　一方、本能寺では、信長が妻のお濃の方や小姓たちと酒宴をしていると、ホラ貝や太鼓が聞こえ、光秀軍が乱入して来る。信長は蘭丸らに防戦を命じ、別室へと引き取る。

　蘭丸たちやお濃の方が必死に戦うが、次々に斬られ蘭丸一人になる。負傷した蘭丸は本能寺が燃えている光景を目にし、信長の自刃を知り、切腹して果てる。後に、住持たちがやって来て、蘭丸たちの遺骸を見、戦死者のために供養をささげる。

◆───仕草（蘭丸の語り）

　明智光秀が謀反して織田信長を討つべく、本能寺を襲った「本能寺の変」を描いた狂言である。よく知られた史実であるが、民俗芸能として「本能寺の変」を描いたものはたいへん珍しい。

　この狂言は、蘭丸たちと光秀軍との戦いが中心となる。しかし、見せ場は最後の蘭丸が切腹する場面であろう。傷ついた蘭丸が、本能寺が燃えている光景を仕草で物語る。蘭丸は、舞台の正面に向かって左手を見上げる。その方角に本能寺があるという体である。次に、両手を上下させて「燃えている」の仕草をする。

　ここは蘭丸の一人舞台であり、蘭丸を演じる上で、最も難しいところである。疲労と落胆のあまり切腹をするこの場面は、見る者に哀愁を感じさせ

戦死者に供養をささげる住持と僧たち

る。

◆───仮面（牛若）

　蘭丸の仮面は「牛若」と呼ばれ、『橋弁慶』『熊坂』の牛若丸にも使用される。現在使用しているものは、明治時代、橘芳喬という面打師が制作した仮面である。一見、女面にも見えるが、壬生狂言独特の仮面であり、美少年の蘭丸や牛若丸を見事に表現している。

◆───衣裳（鎧兜）

　光秀やその家来たちは、鎧兜に身を固めて登場する。これほど多くの鎧武者が登場するのは、この演目だけである。近年は新しい鎧兜も用いられるようになったが、中には江戸時代、実戦用に作られたものもあり、勇ましい行軍を演出している。

Honnōji──Honnōji Temple

This kyōgen portrays the "Uprising at Honnōji" (1582), when Akechi Mitsuhide rose against Oda Nobunaga, who was aiming to unify Japan under his military government. Mitsuhide and his troops are marching to the western provinces to subjugate the enemies, but Mitsuhide suddenly halts the troops and orders his retainers to attack Honnōji temple in Kyoto, where Nobunaga is staying. Meanwhile, Nobunaga at Honnōji is enjoying a party with his wife, his page Ranmaru, and others. When Mitsuhide and his band charge in, Nobunaga orders Ranmaru and the others to take the defensive, and he himself retreats to another room. Ranmaru and his people fight strenuously, but one by one are defeated, finally leaving only Ranmaru. Injured, he watches the temple go up in flames, and learns that Nobunaga has killed himself, so he commits ritual suicide. Later, the priests appear, find the remains of Ranmaru and the others, and conduct a memorial service for the dead.

紅葉狩 もみじがり │ *Momiji-gari*

狩りの途中で美しい女に出会った維茂は酒を勧められる

女からふるまわれたのが毒酒とは知らず、維茂はしたたかに酔う

地蔵尊は維茂に太刀を授ける

鬼に変化した女と太刀で闘う維茂

維茂に討たれた鬼女は苦し紛れに紅葉を引きちぎる

紅葉狩 もみじがり │ *Momiji-gari*

登場人物

維茂、維茂の供、鬼女、鬼女の供、地蔵尊

◆───あらすじ

　美しい女が、供を連れて登場する。そこへ狩りの途中の平維茂がやって来てこの女と出会い、酒を勧められる。維茂は一度は辞退するが、女の美しさに魅せられ、酒を飲む。ところが、これが毒酒であったので、維茂は倒れてしまう。女の供は、維茂の供を誘惑して連れ去る。女は鬼の本性を現わし、維茂の大小刀を奪い、いったん姿を消す。

　維茂はなおも眠り続けるが、その夢枕に地蔵尊が現われて、女は鬼女であることを教え、維茂に太刀を授ける。目覚めた維茂は身支度をし、鬼女の姿になって現われた女と闘う。毒酒に冒された維茂は苦しみながらも、ついに鬼を退治し、その首を討ちとって引き上げる。

◆───仕草（壬生の早襷）

　この演目は謡曲で有名な物語であるが、壬生狂言では神の代わりに壬生寺の本尊である地蔵尊が維茂を助ける。

　維茂が勇ましく身支度を整える際に、素早く紫シゴキで襷がけをする。これは他の演目でも行われるが、「壬生の早襷」と呼ばれる伝統の技である。

◆───囃子（「つくし」）

　前半、鬼女が帯を歪めて維茂を見据え、刀を奪おうとするところは「つくし」と呼ばれる早いテンポの囃子と相まって、緊張感あふれる場面である。「つくし」は「かたいもの」と呼ばれる系統の演目には必ず奏でられる。

　「つくし」はカネ（金鼓）の連打が中心であるが、場面に応じて緩急強弱をつけている。つまり、壬生狂言の囃

女の供は維茂の供を誘惑して連れ去る

子は演技の伴奏ではなく、演技に合わせて囃子をならすと同時に、囃子に合わせて演技をするというように、一体のものなのである。

◆―――衣裳（鬼女の打掛け）

　鬼女が着ている打掛けは「紅葉に流水文打掛け」である。現在使用されているものは昭和の復元であるが、肩から裾にかけて古木が伸び、川に舞い落ちる紅葉を総刺繍で表現しており、大変華麗な衣裳である。

　また、鬼女はこの流水文打掛けを被り、金襴の法被大口を纏った鬼の姿で再登場し、維茂と対決する。息詰まる攻防の末、鬼が苦し紛れに舞台に掛けられた紅葉の枝を引きちぎる場面は、圧巻である。

Momiji-gari—Autumn Maple Viewing

Taira Koremochi (ca. 10th-11th c.) meets a lovely woman while out hunting, and she offers him some wine, so he drinks it. The woman, however, is a demon, and the wine is poisonous. Her attendant seduces Koremochi's attendant and takes him away. Koremochi falls unconscious, and the demon woman steals his sword and disappears. Koremochi sleeps on, and has a dream in which the Jizō Bosatsu appears, informs him that the woman is a demon, and gives him a sword. Koremochi wakes up, readies himself, and battles the demon woman. Badly effected by the poisonous wine, he feels ill, but manages to slay the demon and behead her.

This is a famous story seen in noh, but in the Mibu Kyōgen verision, it is the main figure of worship at Mibudera, Jizō Bosatsu, instead of a god, who helps Koremochi. The peak scene is when the demon woman, dressed in gorgeous robes, gnaws off the maple branch in agony at her hour of death.

山端とろろ　やまばなとろろ | *Yamabana Tororo*

大きな摺鉢でとろろ汁作りに精を出す茶屋の供

茶屋の女は馴染みの旦那に酒を勧めている

茶屋に盗人が忍び込むが、供がとろろの付いた摺粉木で渡り合う

山端とろろ

やまばなとろろ ｜ *Yamabana Tororo*

登場人物

茶屋の女、供、旦那、番戸、盗人

◆───あらすじ

茶屋の女が供に掃除をさせ、大きな摺鉢を出してとろろ汁を作らせる。そこへ馴染み旦那が花見に来て店に入る。酒がなくなったので、供は遠くへ酒を買いに行く。

夜になり、茶屋の女と旦那は眠る。番戸が火の用心にまわって来る。すると盗人が現われ、番戸を脅して茶屋の様子を聞く。盗人は茶屋に忍び込み、茶屋の女の着物などを盗む。その時、供が帰って来る。盗人は暗闇に隠れている供を荷車と勘違いし、供は盗まれたものを取り戻す。供はとろろのついた摺粉木で盗人と渡り合う。盗人はとろろに手が滑り、刀が抜けない。供は茶屋の女と旦那を起こし、逃げようとする。女は驚いて癪を起こし、とろろの入った摺鉢につまづいて、ひっくり返したため、足をとられて大騒ぎとなり、一同はすべり、転びながら退場する。

◆─── 仕草・小道具（とろろ汁を作る）

京都の東北部に位置する山端には、名物のとろろ汁を食べさせる店が今でもある。この狂言は「盗んだものは身につかぬ」ことを説いたものである。この狂言には細かな描写が随所に出てくる。たとえば、供がとろろ汁を作るところ、番戸が虱とりをするところ、盗人が石を投げて吠える犬を追い払うところなどは、狂言でありながら現実味あふれる場面である。

とろろ汁を作る場面では、さまざまな小道具が登場する。とろろ芋は布を芋の形に整え、綿を詰めたもの。卸がね・摺粉木は木製。摺鉢は竹で編んだ張り子で、狂言用に大ぶりに作られている。しかし、見た目ではす

とろろ汁に足をとられながら退場する一同

ぐには何を表わしているかはわからない。だが、これらを用いて演技すると、実にそれらしく見える。そこが壬生狂言のなせる技であろう。

◆————囃子（夜を表わすカネの音）

前半はのどかな、花咲く春の山端の里の光景がゆっくりと描かれる。茶屋の女と供の踊りもあり和やかな雰囲気である。しかし後半、囃子のカネ（金鼓）が夜を表わす音色に変わり、盗人が現われる頃になると、にわかに緊迫感が高まる。

夜を表わすカネ（金鼓）の音は、撞木がカネ（金鼓）に当たる位置を、中心の「撞座」と呼ばれるところに変えると出る。『紅葉狩』『大江山』などの夢の中の場面にも用いられるが、闇の静けさを十分に想像させる。

Yamabana Tororo—Grated Yam at Yamabana

The title refers to the *tororo* (grated yam) speciality of a teahouse in Yamabana, in northeastern Kyoto.

The teahouse dame has a manservant make *tororo* in a large bowl. A customer comes, but the teahouse is out of wine, so the manservant goes after to buy some. Night falls, and a patroller comes around on his fire patrol. A thief appears, threatens the patroller, and listens to check the situation in the teahouse. He sneaks in and steals the dame's kimono and so forth. The manservant returns, realizes what is happening, and hides. In the dark, the thief mistakes the manservant for his cart, and the manservant recovers the stolen items. Using the slimy bowl, the manservant exchanges blows with the thief. The thief's hand gets stuck in the *tororo*, and he can not pull his sword loose. The manservant wakes up the dame and master, and tries to flee. The surprised dame overturns the *tororo* bowl and loses footing. A rumpus occurs, and they all slip and tumble about.

湯立 ゆたて | *Yutate*

講中たちが「明年の、明年の」と賑やかに囃しながら釜の湯を沸かす

笹の葉束を湯に浸けて湯立の神事を行う神官

講中らに湯で顔を拭かれる巫女

湯立が終わると講中は湯で身を拭い、釜を洗って残り湯を捨てる

湯立 　ゆたて ｜ *Yutate*

登場人物
神官、巫女（みこ）、講長（こうちょう）、講中（こうじゅう）数人

◆────あらすじ

講中たちが神前に釜をすえ「明年（みょうねん）の、明年の」と囃しながら、釜に水を入れ、湯を沸かす。湯が沸くと巫女を迎えに行き、次に神官を迎える。神官は御幣を持って祈禱し、釜を清める。神官は笹の葉束を湯につけ湯立をする。講中たちは熱湯がかかるので閉口する。講中は笛を吹き、巫女はジャンボン（妙鉢）を鳴らして囃す。

湯立が終わると神官に礼をし、神官と巫女は帰る。講中たちは釜の残り湯で汗を拭った後、釜を洗い、湯を捨て、踊りながら「明年の、明年の」と囃して引き上げて行く。

◆────仕草（講中の所作）

大和三輪明神の流れをくむ壬生寺の鎮守、六所明神の儀式が壬生狂言に移されたもので、神前に行われる湯立をそのまま春の公開最終日に一回だけ行うことになっている。湯立は神事であり、現在も各地の神社で行われているが、寺の大念佛で行われるのは珍しい。

この狂言では講中たちが大活躍する。「明年の、明年の」の囃し声はまことに賑やかであり、それでいて神事であるという神秘性を感じさせる。最後に、釜を手にして退場するさまは、歓喜の様子にも見て取れ、晴れやかな雰囲気の余韻を残して、いよいよ壬生狂言のフィナーレである『棒振』へと続くのである。

◆────囃子（「かぐら」）

囃子は「かぐら」と呼ばれる、『湯立』にのみ使われる曲が奏でられる。また、この『湯立』と『棒振』にだけ囃し言葉が入るのだが、『湯立』では「明年の、明年の」と囃す。これは来年の狂言も変わらず行われるようにと

釜を担いで囃しながら退場する講中たち

祈願し、「明年も、明年も」と唱えたものが、いつの間にか言い誤ったのではないかと推察されている。

◆────仮面（『桶取』と『湯立』）

神官は男の役柄であるが、実際につけている仮面は『桶取』の「照子」の模刻である。そして、同じく講中は『桶取』の大尽や、大尽によく似た黒色の仮面が多く使われており、巫女はその仮面や衣裳までもが『桶取』の本妻とまったく同じである。つまり『桶取』と『湯立』は関連づけて構成されている。これは『桶取』が六所明神の儀式（豊作を祈る田植神事）をもとにしていることを思わせる。いずれにせよ『桶取』と『湯立』がいかに重要なものかを示している。

Yutate—Hot Water Ritual

This is performed just once a year, on the last day of the spring performances. It is a Shintō ritual transferred from Mibudera's local shirine. The hot water ritual is common to Shintō, but to perform it at a Buddhist temple such as Mibudera is rare.

The Dai-Nembutsu Troupe members, who perform the Mibu Kyōgen, place a kettle before the Shintō altar. Chanting "Next year's (*myōnen no*), next year's," they fill the kettle with water and heat it. When the water boils, they welcome in the Shintō priest and maidens. The Shintō priest performs a prayer, dips bamboo leaves in the hot water, and shakes them to sprinkle the water around. The troupe members play flute music, and the shrine maidens make music with bowls. When this sacred Yutate ritual ends, the Shintō priest and maidens are thanked, and they leave. With the remaining hot water, the troupe members wipe off their perspiration. They clean up the kettle, and, again chanting "Next year's, next year's," make their exit.

夜討曽我　ようちそが | *Youchi Soga*

父の仇討ちを決意し、水盃を交わす曽我十郎と五郎の兄弟

敵のいる富士の狩場で、討ち入りにあわてふためく公家と供

五郎は敵方の武士・古屋との闘いを制する

疲れ果てた五郎は頼朝の近習・五郎丸に取り押さえられる

夜討曽我

ようちそが ｜ *Youchi Soga*

登場人物

十郎、五郎、鬼王（おにおう）、団三郎（だんさぶろう）、
古屋（ふるや）、五郎丸（ごろうまる）、あわて、くくり

◆───あらすじ

　曽我十郎、五郎の兄弟は、父の敵（かたき）の工藤祐経（すけつね）が、源頼朝の催す富士の巻狩りに来ることを聞きつける。兄弟は家来の鬼王、団三郎を呼び、酒宴を催す。兄弟は酒盃を交わしつつ仇討ちを決意し、家来二人に帰るよう命ずる。二人は供を願うが許されず、切腹しようとする。兄弟はこれをやめさせ、形見として十郎は手紙を鬼王に、五郎は守り袋を団三郎に託して、兄弟の母のもとに行かせる。

　兄弟は別れの水盃を交わし、身支度を整えて、富士の狩場に斬り込む。狩場では驚いたあわて（公家と供）が、刀と火吹竹を取り誤って騒いでいる。兄弟は目的を果たすが、十郎は討ちとられる。五郎はなおも古屋（討手の武士）と闘い、疲れ果てたところを頼朝の近習（きんじゅ）、五郎丸に捕らえら

れ、くくり（捕縛者）に縄をかけられる。

◆───仮面（十郎と五郎）

　曽我十郎、五郎の仮面は、嘉永3年（1850）伊東久重という人形師によって作られたものである。そのため、文楽の頭の影響を受けた壬生狂言独自の仮面である。壬生狂言では能狂言のように、直面（ひためん）（素顔）で演じず、演者がすべて仮面をつけるためこのような仮面が制作された。現在でも伊東家は、京都で伝統を受け継いでおられる。

　十郎、五郎の仮面は他の演目でも使用されるが、『夜討曽我』でこの仮面を用いると、兄弟の情愛がよく表現される。この演目は能や歌舞伎でも演じられるため有名だが、壬生狂言の『夜討曽我』はあらゆる芸能の優れた部分を取り入れ、独自の演出の番組に仕立てられている。

兄弟との別れを悲しむ家来の鬼王と団三郎

◆―――衣裳（あわての赤襦袢）

　あわての公家は、赤襦袢を着て登場するが、これは寝間着を表わしている。さらに、金烏帽子は斜めに傾けて被っている。寝込みを襲われ、あわてふためいているという姿を描く。

　鑑賞する者には、勇ましい討ち入りに、突然あわてが出て来てもなかなか意味がわかりにくい。だがこの狂言では、物語の繁雑化を恐れたためか、能の『夜討曽我』のように祐経を討つ場面や、十郎が討たれるところは省略されている。そこで、あわてが出ることによって前の状況を説明し、次の場面へと繋いでいるのである。

Youchi Soga—The Soga Brothers' Night Attack

The two Soga brothers, Jūrō and Gorō, learn that their father's Killer, the warrior Kudō Suketsune, will participate in a hunting event sponsored by the Kamakura shōgun at the foot of Mount Fuji. The two are having a party. While drinking, they decide to avenge their father, and they order their retainers to go home. The retainers plead to accompany the brothers, but are refused, so they try to commit ritual suicide. The brothers stop them. They hand them a letter and amulet to take to the brothers' mother as keepsakes. The brothers bid them farewell, get prepared, and charge into the hunting site. An aristocrat and attendant are surprised and cause a commotion, but the bothers achieve their aim. Jūrō, however, is cut down, and Gorō, drained from fighting his pursuers, gets captured.

The play leaves to the imagination the parts where the brothers take their revenge and where Jūrō gets killed. The aristocrat wears a sleeping robe, so apparently he was shocked out of bed.

羅生門 らしょうもん | *Rashōmon*

独り羅生門にやってきた綱。門の楼上に隠れた茨木の鬼が、背後から綱を狙う

鬼に兜を摑み取られた綱は、襲いかかって
くる鬼と激しく闘う。最後には鬼の片腕を
斬り落とし、それを持って引き上げる

羅生門
らしょうもん ｜ *Rashōmon*

登場人物

茨木の鬼、頼光、綱、保昌、太刀持、くわれ数人

◆───あらすじ

　源頼光が家来の渡辺綱、平井保昌と酒宴を催し、世情について尋ねる。保昌は羅生門に鬼がいるといい、綱はいないといって争う。頼光はこれを制し、綱に金札を渡し、これを羅生門に立ててくるよう命じる。保昌は綱を引き止めるが、綱はかまわず出掛けてしまう。

　羅生門では噂通り茨木の鬼が現われて、くわれ（通行人）を食い殺し、門の楼上に隠れていた。そこへ鎧兜に身を固めた綱が、馬に乗ってやって来る。

　門の近くまで来ると、馬が震え上がって進まなくなったので、歩いて門へ行き、金札を立てて帰ろうとする。しかし、後髪の引かれる気配がして、門に引き返し、あたりを探っていると、鬼が高みから綱の兜をつかむ。綱は

鬼と闘って鬼の片腕を斬り落とし、それを持って引き上げる。

◆───仕草（「世情を尋ねる」）

　この狂言は羅生門（羅城門）の鬼伝説に因んだものである。頼光が綱と保昌に「世の中でどんなことが起こっているのか」と尋ねる仕草をする。これは、まず舞台の向かって左を指差し、次に右手を左右に振り（「世情を」）、中啓を腿に立て首を傾ける（「考える（考えよ）」）というものだ。

◆───衣裳（綱の鎧兜と鬼の上衣）

　綱は後半、紺糸縅の鎧兜に身を固めて登場する。重い鎧をつけて激しい立ちまわりをするので、綱の演者はたいへんな体力がいる。いかに力強い綱を演じられるかがこの役の見せどころである。

　一方の鬼は、金襴上衣を身につけ、舞台天井に張られた十文字の

136

「羅生門に鬼がいる」「いない」と言い争う綱と保昌

綱の上に上がって、渡辺綱を待ち構える。これは、『羅生門』と『蟹殿』でしか見られない技で、初見の人はいつ鬼が綱に襲いかかるのかと凝視する場面である。

◆───小道具（綱の笞）

　後半、綱は馬に乗っているという体で再登場する。その時に持っているのが笞だが、これは竹の根を干してできている。綱は笞を振るい、軽やかな足取りで乗馬を表現する。

　壬生狂言の全演目の中でもう一人、乗馬で登場する人物がいる。それは『紅葉狩』の維茂である。維茂は笞を持っていないので、わかりにくいかもしれないが、その足取りは綱と同じである。

Rashōmon——Rashōmon Gate

Minamoto Raikō has a drinking party with Watanabe Tsuna and Hirai Hōshō, and asks them about the conditions in the world outside. Hōshō says that there is a demon in the Rashōmon Gate. Tsuna insists that there isn't, and they argue. Raikō restrains them, hands Tsuna a talisman, and commands him to put it up at the Rashōmon. Hōshō stops Tsuna, but Tsuna ignores them and departs. True to rumor, the Ibaraki Demon is at the gate, where he devours people who pass through and hides in the attic. Wearing a suit of armor, Tsuna rides up on a horse. Nearing the gate, the horse shivers and refuses to proceed, so Tsuna goes on foot. He erects the talisman and starts to leave. Sensing something, however, he returns to the gate and looks around, whereupon the demon grabs his helmet. Tsuna fights the demon, severs its arm, and takes the arm back with him.

In this drama, tension mounts in anticipation of when the demon, who hides overhead, will pounce down on Tsuna.

生きている祈り

濱崎加奈子（有斐斎弘道館館長）

　壬生寺を訪れると、祈りとは何かということを改めて考えさせられる。

　節分でにぎわう境内に山と積まれた炮烙を求め、筆に墨をとり我が姓と齢を書き入れる。新たな年の幸を祈る時間。ふと、この炮烙がふた月後の大念佛会の狂言のなかで見事に割られるのを想像する。炮烙を奉納するということは、自らが狂言に参加するということでもあるのだ。そこでは、一千枚ともいわれる炮烙が大きな音を立ててぱあっと落ちて砕かれる。その中に自らが祈りを込めたひとつもあって、むろん誰彼のものともなく粉と化し、ついには大地へと還っていくのだ。そんな未来の情景を心に浮かべて、きっと佳き年になることだろうと、安堵する。まさに、厄払い、厄落とし。

　七百年続くとされる壬生狂言は、庶民の暮らしを面白可笑しく見せつつ、見終わった後は祈りにも似た清やかな心地になるから不思議だ。舞台に地蔵菩薩がおわすためか、あるいは狂言堂が宗教施設たる壬生寺の境内にあるためか、はたまた演じる人が心に唱える南無阿弥陀仏が耳に聞こえずとも伝わるからなのか。

　壬生狂言は、無言劇として知られる。そもそも、無言である理由として、念仏を聞くためとも、念仏のために台詞を言っても聞こえないためとも言われるが、いずれにせよ、念仏と同時に行われていた、ということを忘れてはならない。

　何かを「見る」ために劇場へと足を運ぶことに慣れてしまっている私たちは、そもそも演劇とは何なのかということを見失ってはいまいか。劇場で開幕と同時に念仏が始められたら、観客はきっと驚くだろう。しかし、元来は劇よりも念仏のほうが重要だった。

　世界の演劇の多くは宗教の場から興った。仏神の教えをわかり易く説くために生まれたのだ。それは、教化のためともいえるが、人々が生きるために求めたのだと思う。その後、劇は祈りの場から離れ、独自の展開を遂げていく。仏神を喜

ばせるのではなく、人を楽しませる娯楽的な存在へと深められていく。ところが壬生狂言は一寸違っている。江戸時代には能狂言から題材を得て、目を楽しませる外連味あふれる趣向をも凝らしながら、七百年の間、やっぱり無言を貫き、念仏を唱え続けている。

＊

　日本文化は、原点を大切にする文化だと思う。あるいは、原点を忘れさせないための装置をもつ文化とも言える。壬生狂言は京にあって、もっともその役割を大にするものかもしれない。時代が遷り、形は変わっても、肝心要を絶対に譲らない。もちろんそれが代々のご住職はじめ地域の方々の尽力の賜物であることは言うまでもない。

　そうして、長く続けられているものというのは、それだけでも不思議な力が宿るものである。狂言堂に日がな座していると、念仏や演劇の起源を超えて、そもそも言葉とは何なのだろうか、ということまでも考えさせてくれる。わたしたちは普段、言葉によってコミュニケーションをしていると思いこんでいるが、壬生狂言をみていると、そうではないということに気づく。

　ひょっとして、言葉ではないからこそ伝わるものがあるのではないだろうか。感情や、情緒、ふとした感覚は、言葉で伝えられるだろうか。言葉ではYesといって心はNoということなど日常に溢れている。壬生狂言の身振り手振り、あるいは鉦太鼓の音によって促される「間」に、見る者はいつしか引き込まれ、言葉はなくとも、否、言葉がないからこそ、よりストレートに深く身体に刺さるものとして共感を得ているのではなかろうか。しかもその感覚を、今や「懐かしい」と感じるかもしれない。忘れている何かを思い出させてくれる感覚。

　壬生狂言は、人としての感覚を蘇らせてくれる重要な装置なのかもしれない。それこそ時を超えて現代にまで伝えられてきた伝統の知恵としての演劇。情報にあふれ、情報に左右される時代だからこそ、人でしか感じることのできないものを、身体の底から蘇らせることは、いま、何にも増して重要なことではなかろうか。

＊

　壬生狂言を魅力的なものにしている百九十点余にも及ぶ面にも言及せねばなるまい。面もまた宗教から興った世界の演劇にとって稀なものではない。たとえ

ば能楽において面をかける者は多くこの世の者ではないことをあらわす。能楽の源流ともいえる舞楽や、アジアの仮面劇においても同様、面は神が降臨するための具であり、また神仏そのものともいえる。壬生狂言の面も、もとはそのようなところから起こったのだろう。だが、ここでは庶民であり現在生きている人を示すにも用いるのだ。ともかく、舞台で演じる全員が面をかけているのである。面を通して人は個を超えて他になるのだが、その「他」が来世ならば仏であり、過去ならば先祖かもしれない。生も死も超えて誰でもない、あるいは誰でもある存在。人はやがて死して面になるともいえよう。壬生狂言の面は、見る者の生を相対的にみせてくれる。

　それはまた、芸能の原点であり役割なのかもしれない。たとえば茶道や華道も、もとは宗教の場から興り、暮らしの中で展開したものである。仏神に捧げるものから、人が人をもてなすもの、見せるものへと変遷した。しかしながら、根本は変わらない。人を通して仏を感じ、神に感謝するのであって、そのための仕掛けが芸能に内蔵されているということなのだ。しかも芸能は一方的に見るだけでなく、自らも実践することを伴うのが本来である。したがって主客はいつでも入れ替わることができる。芸能をすることは、身体感覚を研（みが）くことであり、常に相手の立場にたつ修練をすることである。いつでもどのような人物の面をもかけることができるということである。また空間や扱う道具に趣向を凝らすことによって、より豊かに美しく生きるための技術を発展させてきた。美しいということは、人を感動させるということであり、さらにそこに集う人の感性を高めるということである。芸能によって磨かれる美しい所作はまた、コミュニティを豊かにする。

　壬生狂言は年に三回、訪れるチャンスがある。三十曲ある演目のすべてを、毎年観ることができる。繰り返し行われるということもまた、有難いことである。去年は凍えるような寒さだったが、今年はどうだろうかと、一年一年の歩みをそれぞれの人生に照らして見守ることができる。狂言堂が半屋外にあることもまた、意味がある。風雨にさらされても、鳥が啼（な）き笛の音がかき消されても、自然とともにあるということこそが、芸能を享受する喜びなのだから。

　祈りが生きている。それは、世が移り変わっても、人が人であり続けることである。壬生狂言が続く限り、京の街は命を延ぶだろう。

「面」が笑う——壬生狂言撮影つらつら

久保田康夫（写真家）

　五月、舞台東側の隣家には大きな鯉幟が青空の下ではためいてました。

　「カンデンデンデンカンデンデン」。……最初はかねの音が強烈で、頭の中が空っぽになったことを思い出します。

　そのあとは舞台に夢中でした。耳が慣れてくると、微妙に音の大小とテンポを変えた場面の強弱がわかるようになってきます。

　「面」からはその演者像が伝えられ、また指先での細かい表現から表したいことが伝えられます。

　「面」は表情を変えません。眼が見えないことからでしょうか。

　それでも時々、演者の技量で笑ったり、怒ったり、恥ずかしさなんかも見せてくれます。

　母を思い出すような、地蔵菩薩の慈悲深い表情の「面」。また、中には伊藤若冲がデザインし奉納した「面」もあり、魅せられます。

　「面」からその人物像や化身の者の役柄を読み解く、これも楽しい世界です。

　最後になりましたが壬生寺・松浦俊昭副住職はじめ、壬生大念佛講の講中の方々に深謝申し上げます。

壬生寺参拝ガイド

正暦2年（991）創建の壬生寺は奈良の唐招提寺を総本山とする律宗に属し、古来、地蔵信仰の寺院として信仰を集めてきました。本尊の延命地蔵菩薩像は昭和37年（1962）の本堂全焼によって失われた旧本尊に代わり、唐招提寺から遷座されたもので、さらに令和2年（2020）には旧本尊の縄目地蔵菩薩像も復刻されます。また境内には水掛け地蔵をはじめとする約3,000体の石仏が安置され、その一部は京都市内各地で行われる「地蔵盆」に貸し出され、慣例となっています。

一方、壬生寺は京都の裏鬼門にあたることから、毎年2月には節分厄除大法会が行われ、厄除・開運の寺としても人気を集め、節分の期間には多くの参拝客が訪れます。歴史ファンにとっては新選組ゆかりの寺として広く知られる通り、境内の壬生塚には新選組隊士の墓塔が祀られています。

本堂に安置される本尊・延命地蔵菩薩像（左）、円覚上人像

明治の頃と思われる狂言堂（大念佛堂）
の様子。「炮烙割」の上演中

現在の狂言堂。隣接の保育園階上
（写真手前）に鑑賞席が設営される

復刻された旧本尊・縄目地蔵菩薩像
（写真提供：壬生寺）

〒604-8821　京都市中京区壬生梛ノ宮町 31
TEL：075-841-3381　FAX：075-841-4481
ホームページ： www.mibudera.com/

【アクセス】
京都市バス・京都バス「壬生寺道」下車、坊城通を南へ約 200 メートル
または阪急「大宮」駅・嵐電「四条大宮」駅下車、四条通を西へ約 300 メートル、
坊城通を南へ約 200 メートル

【境内参拝】
境内／参拝自由　8：00 ～ 17：00
阿弥陀堂／参拝自由　8：30 ～ 16：30　お守り授与所・売店あり

【壬生塚と壬生寺歴史資料室】
壬生塚には新選組隊士の墓所、阿弥陀堂地階には壬生寺歴史資料室があります
公開時間／ 8：30 ～ 16：30　有料

【壬生狂言】
節分（2 月）および春、秋の 3 回、公開されます。日時については壬生寺 HP 参照、
または壬生寺へ問い合わせを。鑑賞料は、節分は無料、その他はいずれも有料

※上記はいずれも令和 2 年 3 月 1 日現在の内容で、都合により予告なく変更することもあります

写真　　久保田康夫（studio bow）
デザイン　中村亮太 + 竹澤麻子（studio bow）

壬生狂言
鑑賞ガイド

令和2年4月24日　初版発行

編　者　　壬生寺
発行者　　納屋嘉人
発行所　　株式会社 淡交社
　　　　　本社　〒603-8588 京都市北区堀川通鞍馬口上ル
　　　　　営業 075-432-5151　編集 075-432-5161
　　　　　支社　〒162-0061 東京都新宿区市谷柳町39-1
　　　　　営業 03-5269-7941　編集 03-5269-1691
　　　　　www.tankosha.co.jp
印刷・製本　株式会社ムーブ

©2020 壬生寺 Printed in Japan
ISBN978-4-473-04394-8